무너진
풍경

LH의 땅따먹기 프로젝트

무너진 풍경

LH의 땅 따 먹 기 프 로 젝 트

진애언 지음

경암교육문화재단
The Kyung-Ahm Education & Culture Foundation

Contents

1. 독백
   - 숲 _ 08
   - 돌밭 _ 11
   - 도시 _ 13
   - 확장 _ 16

2. 사건
   - 경암 _ 24
   - 수용 _ 27
   - 추가수용 _ 30
   - 환매 _ 36
   - 평가 _ 41
   - 검토 _ 47
   - 고갈 _ 51

3. 제안
   - 대안 _ 56
   - 나아갈 길 _ 60
   - 상생 _ 65

4. 의견과 문서들   전문가 의견서 _ 70

기자회견 _ 77

5. 부록1·2   사송지역 고리도롱뇽 관련 매체

자료 요약 _ 90

주요 언론보도 기사내용 _ 98

독백

숲

...

　　계곡에 물이 마르기 시작했습니다. 물에 반사되어 눈부시게 반짝이던 녹색 빛도 말라가기 시작했습니다. 뿌리 깊은 식물들은 당분간 버틸 것입니다. 그러나 개울물에 의탁해서 살아가던 동물들의 흔적은 이미 사라졌습니다. 그래서 이 숲은 아무 움직임도 없는 적막한 공간으로 하루가 다르게 바뀌어 가고 있습니다. 끊어진 이 계곡의 물줄기를 찾아 오르면 익숙한 현장을 목격하게 됩니다. 거대한 공사장입니다. 도시를 만들겠다고 경사면을 잘라 세운 절개지가 눈을 가득 채웁니다. 이곳이 그전에 녹색의 숲이었던 흔적은 이미 까마득하게 사라졌습니다. 더이상 물러날 곳도 없는 이 옹벽 꼭대기에 선 심정으로 이 글을 씁니다.

　　인간만 행복하게 살 수 있는 지구는 없다는 이야기도 들었습니다. 그러나 이곳은 인간이나마 행복하게 살겠다는 목적이 있는 것도 아니고, 그저 자신들의 이익 자체를 위해 일을 만드는 거대한 괴물의 서식지입니다. 그들이 무심하게 숲을 파헤치는 현장인 듯 합니다. 그 괴물은 한번 앞발을 휘두를 때마다 도시가 하나씩 던져집니다. 왜 인구가 감소하고 있어 걱정이라는 나라의 국토에서 더 도시가 필요한지를 괴물들은 묻지도 않습니다. 그 괴물은 자연의 가치를 보는 눈도 없고, 생명의 절규를 듣는 귀도 없는 존재인 것 같습니다. 그냥 자신의 이익을 위해서 자연을 먹고 도시를 뱉어내는 존재가 아닌가 합니다.

자연과 옹벽의 현장

금정산 자락의 이곳이 한적한 숲이고 계곡에는 물이 찰랑이던 시절을 반추해봅니다. 이곳을 우리가 부르는 이름은 '경암숲'입니다. 이 이름에는 한 남자의 인생이 모두 담겨 있습니다. 그는 그 시대의 사람들이 그렇듯이 일제 강점기를 어렵게 살아나갔던 사람이고 말년에 적지 않은 재산을 축적해낸 사람입니다. 그의 형제는 8남매였으니 특별히 가족 내의 대접을 기대할 수는 없었을 것입니다. 열일곱의 나이에 간신히 초등학교를 졸업한 것이 학력의 전부였으나 오직 성실과 근면이라는 가치로 평생을 살아온 사람이기도 합니다. 돌밭을 일궈냈다는 그의 아호 '경암(耕岩)'이 설명하듯 그의 인생은 입지전이라고 하는 단어에 가장 적합할 것입니다. 한국의 그 세대

경암 송금조 전 이사장

가 공유하는 가치이듯 자신이 못 배운 한을 후대들에게는 물려주지 않겠다는 의지를 갖고 있는 분이었습니다. 그는 자신이 이룩한 것 전체를 다 훌훌 털어내서 재단을 만들었습니다. 그것은 2004년 설립된 경암교육문화재단입니다.

돌밭

...

　　조용히 사회의 교육을 위해 묵묵히 일을 해야 할 경암교육문화재단과 송금조라는 이름을 본의 아니게 세상에 알리게 된 사건이 있었습니다. 그건 불미스런 사안이라고 해야 옳겠습니다. 그는 자신이 태어난 고장인 양산에 부산대학교의 오랜 숙원인 부산대학교 제2캠퍼스를 설립하기로 했다는 이야기를 들었습니다. 그 부지마련을 위한 재원마련에 어려움을 겪고 있던 부산대학교의 제의를 받아 그가 기부약정한 금액은 305억 원이었습니다.
　　그러나 부지마련비라는 전제로 약정한 금액은 당시 연임을 목적으로 한 총장에 의해 교수 연구비로 전용되었습니다. 심지어 자신의 업무추진비로 매월 5~700만 원을 가져가기도 했습니다. 당연히 재단은 기부 목적과 달라진 기부금 집행을 거부했습니다. 기부 사업은 정교한 문서보다 신뢰가 전제되는 일일 것입니다. 약정서에 기부금 사용 목적이 부지마련이라고 명시되어 있음에도 불구하고 미집행 기부금을 납부해야 한다는 법적 판결을 받게 되었습니다. 일반적 상식으로 동의가 어려운 기이한 상황이 되었고 그 기이함 때문에 상황이 널리 알려졌습니다. 참고로 그 총장은 이후 다른 사안으로 실형 (5년) 복역을 하게 되었으니 이 정황이 재단이 억울해하는 내용을 일부 설명하고 있습니다.

이제는 고인이 된 송금조 전 이사장이 가장 애착을 갖고 진행한 사업은 경암학술상(현 경암상)입니다. 초등학교 졸업이 최종학력인 사람이 한국 최고의 학문 성취를 위해 제정한 상이라는 점에서도 특이하지만 부산에 위치한 재단에서 운영한다는 점에서도 쉽지 않은 일이었습니다. 한국도 이미 충분한 여유가 있는 국가가 되어 적지 않은 학술상이 제정되고 그 상들이 거기에 걸맞는 권위를 확보해 나가고 있습니다. 그러나 서울이라는 지역의 압도적 지배라는 상황 속에서 제2의 도시라고 하지만 부산에 위치한 재단에서 학술상 운영은 쉽지 않습니다. 그럼에도 경암상은 2021년 17회를 맞으면서 총 74명의 수상자를 배출하였습니다. 경암상은 일단 적어도 100년, 혹은 그 이상을 염두에 두고 운영계획을 마련하고 있는 상이기도 합니다. 송금조 전 이사장이 꿈꾸던 사업을 담고 있는 공간이 또 있습니다. 그것은 다음 세대들이 자연 속에서 학습하고 창의성을 발휘할 수 있는 공간을 조성하는 것이었습니다. 그 꿈을 이루는 문화예술 공간의 실현을 위해 본인의 고향인 양산 사송에 확보한 자연경관지를 부르는 이름이 '경암숲'이었습니다. 그 숲에 어느 날 이상한 통보가 배달되었습니다. 그것은 LH가 보낸 두 번째 수용통보였습니다.

도시

...

　　첫 수용부터 이야기를 해야겠습니다. 2008년 LH의 〈양산 사송 공동주택지구 사업〉은 경암숲의 일부영역 수용을 전제로 계획된 것입니다. LH가 처음 이 땅을 수용한다고 했을 때에도 일방적이기는 매한가지였으나 그 뜻을 인정하여 수용을 받아들였습니다. 송금조 전 이사장은 이 토지 수용으로 많은 서민주택이 건설된다면 그것도 충분히 가치가 있는 일이라고 동의하고 서로가 나누고 더불어 살아가는 환경을 만드는 것에 이견 제시없이 수용에 동의했습니다. 이때 수용된 땅이 경암숲의 진입로 부근이었습니다. 그러나 진입로 자체는 유지되었습니다.

　　송금조 전 이사장은 인간의 선의를 믿는 사람이었습니다. 시간은 지났지만 수용된 땅에서 개발행위는 일어나지 않았고 10년이 넘는 시간이 지났습니다. 법적으로 수용 후 5년이 지나면 원소유자에게 환매권이 발생하며, 이는 수용된 땅을 다시 매입할 수 있는 적극적 권리입니다. 선의에 의해 수용에 동의한 땅이었으나 환매권 발생 시점에도 신기하게 LH는 원소유자에게 아무런 통보도 없이 시간을 보냈습니다. 여기서부터 불편한 사안이 숨어있었다는 것이 드러납니다.

그간 5번의 계획 변경이 있었습니다. 이런저런 용도변경을 통해 분양수익을 확보하기 위한 상업용지 추가 확대 등의 변경이었습니다. 그것은 결국 수용한 땅을 통한 분양수익 확보가 사업의 가장 큰 목적이었다는 점이 확연히 드러난 순간이었습니다. 결국 공공의 얼굴을 했지만 민간 투자자와 하나도 다른 것이 없었습니다. 그것은 공익이 아니라 자신이 먹고 살기 위해 사업을 한다는 모순적 상황을 설명하는 것이었습니다. 이때 LH는 폭력 장치를 장착한 괴물이었습니다. 법적으로 LH는 정부로부터 수용권을 위임받은 조직입니다. 그러나 수용권은 사유재산권을 침해하는 폭력이기 때문에 그 집행이 조심스러워야 하고 제한적이어야 합니다. LH는 지자체의 개발공사들과 함께 수 십년간 이런식으로 수용권을 휘둘러왔고, 여러 가지 문제가 터질 때마다 LH는 없어져야 할 집단으로 질타를 받을 때가 많았습니다. 그러나 그 거대한 몸집으로 LH는 여전히 살아남아 있습니다.

2015년 항공사진/국토정보플랫폼 　　　　　　황폐화된 2021년 항공사진/국토정보플랫폼

확장

...

 LH로부터 두 번째 수용장이 날아왔습니다.
 그것은 이전에 수용한 땅의 내용을 재확인하는 것이 아니었습니다. 경암숲을 추가로 잘라내 수용하겠다는 통보였습니다. 경암숲 옆을 지나는 경부고속도로 건너편에 이미 LH가 사업 중인 주택단지가 있었습니다. 양쪽 주택단지를 연결하는 도로를 새로 내기 위한 추가 수용이었습니다. 경암숲은 진입로가 바뀌거나, 잘리는 상황이 되었습니다. 경암숲을 더 이상 숲으로 작동하기도, 조성하기도 어려운 곳으로 만드는 일방적이고 폭력적인 조치였습니다. 게다가 추가로 수용하겠다는 땅은 원시적 자연의 아름다움을 보존하고 있는 곳입니다.
 추가 수용의 목적은 두 단지의 연결일 뿐입니다. 2007년의 원안은 지하(터널)도로로 계획되었습니다. 그러나 공사비를 이유로 사라졌던 이 도로는 상업지구 확대를 이유로 다시 등장했으나 이번

LH 공사로 사라진 경암숲 진입로

에는 지하 터널도로가 아닌 개착식도로[1]로 변경되었습니다. 그리고 이를 위해 추가 수용하겠다는 것이었습니다. 경암재단과 제대로 논의되지도 않은 상황에서 LH는 단지연결을 홍보하고 분양을 진행하였고, 지금은 분양인들의 반발과 항의가 우려되어 계획을 변경할 수 없다고 합니다. 원안인 지하(터널)도로 건설도 재단에 동의를 구한 사안은 아니었습니다. 연결한다면 어차피 경부고속도로를 하부로 관통해야 하니 경암숲 진입부의 지하로 연결하는 것까지는 이해할 수 있습니다. 그러나 LH는 공사비 절감을 위해서라며 산을 잘라내고 경암숲을 수용하여 옹벽을 만드는 개착식 공사를 전제하고 있습니다. 그때의 경제성은 그냥 공사비의 단순비교일 것입니다만 그 위에 쌓인 자연의 가치는 단지 공시지가로 판단할 수 없는 것들입니다.

경암숲은 그렇게 조성된 옹벽의 중간을 위태롭게 따라 들어와야 하는 게 제시된 계획의 내용입니다. 꼭 필요한 도로인지도 의심스러운데 끔찍한 높이의 옹벽을 만들어내면서 억겁을 쌓아온 자연을 훼손하는 것이 합리적 판단이라고 동의되지 않습니다. 경암재단은 전문가들에게 40여차례 자문을 구했고 그들 모두 이 불가의한 현안에 분개했습니다.

아름다운 자연을 단지 접속도로 확보하기 위해 수용한다는 폭력성을 넘어서 더 중요한 것은 사유재산을 수용하는 과정의 행정적 절차가 도저히 받아들일 수도, 이해할 수도 없는 방법으로 진행되었다는 것입니다. 이런 대규모 사업에 선행되어야 할 환경영향평가

---

1) 개착식 도로 : 땅에 기둥을 박고 기둥만큼 토사를 파낸 뒤 콘크리트 박스를 설치 하고 다시 토사를 메우는 방식, 지상을 개폐하기 때문에 지상을 사용할 수 없다. 건설공법이 발전하지 않았을 때에 많이 썼던 공법이다.

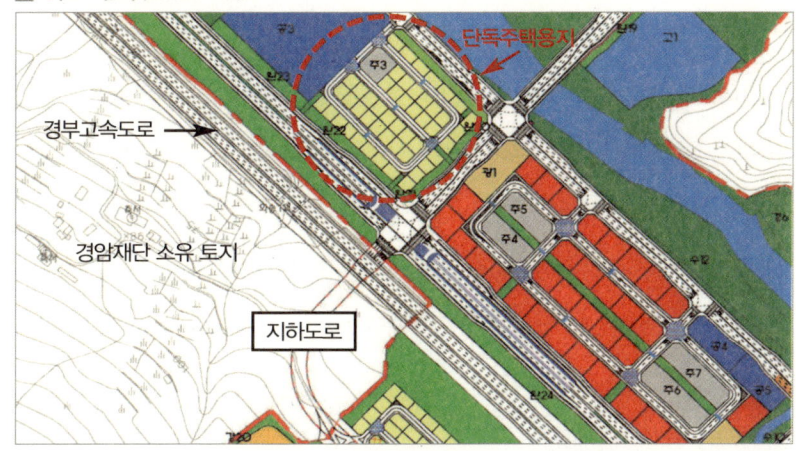

2007년 최초 계획도 (LH한국토지주택공사 제공)

는 무심하고 형식적으로 진행되었고 남아있는 것은 결과를 합리화 시키기 위한 이상한 문서일 뿐이었습니다.

평생 일군 재산을 사회에 기부하기 위해 경암교육문화재단을 세운 송금조 전 이사장은 2020년 7월말 타계하셨습니다. 그가 이 세상에서 마지막으로 목격했던 풍경은 무심한 권력에 의해 자신이 가꾸려던 꿈이 무참하게 잘려 나가는 것이었습니다. 이 사회가 개인의 꿈을 그렇게 짓밟아도 되는 것인지 여전히 의구심이 남아있습니다. 한탄스러울 따름입니다.

공사는 시작되었고 경암숲 계곡의 물이 마르기 시작했습니다. 이미 경계면을 절개하면서 수맥이 절단되었을 것입니다. 예전의 아름답던 숲의 풍경은 사막이거나 전쟁 직후의 모습으로 이미 변모해 있습니다. 심지어는 측량 경계점 확보를 한답시고 계곡에 들어가 막

대기를 꽂는 등 남의 땅에 들어와 고목과 바위에 빨간칠을 해놓고 고목을 무참히 자르는 것을 직접 목격했습니다.

　수도권을 제외하면 전국이 미분양으로 골치라는데 이 공간은 새로운 콘크리트 단지로 바뀌어나갈 것입니다.

　두 단지를 연결하겠다는 도로는 고속도로 지하를 통해야 하니 결코 보행인이나 자전거 통행을 위한 것은 아닙니다. 1km도 안 되는 400m 남짓한 거리를 굳이 자동차 도로로 연결하겠다는 것이 다

LH가 훼손한 경암부지 내의 계곡

음 세대를 위해서도 옳은 일이 아닙니다. 수용하겠다고 통보하며 자연을 긁어낸 공간에 인간이 만든 돈이라는 잣대로 판단된 콘크리트 옹벽 협곡과 생뚱맞은 접속도로만 겨우 하나 놓일 것입니다.

경암숲을 더 이상 파헤치지 않는다면, 즉 차라리 전체 지하구간을 지하도로 관통한다고 하면 보상도 필요없이 그 요청에 응할 것입니다. 세상은 여러 사람들의 작은 이해가 겹쳐지면서 전체의 이익이 아닌 방향으로도 판단이 내려진다는 걸 알고 있습니다. 그러기에 이제 이 글을 통해 그 과정을 좀 더 자세히 복기하려고 합니다. 송금조 전 이사장과 재단의 의지와 전혀 관련없이 일방적인 통보가 이루어진 그 시점이 가장 중요한 순간이 될 것입니다. 그를 위해서는 첫 수용의 순간부터 밟아가며 좀 더 자세히 설명해야 할 것입니다.

2008년 LH의 1차 수용 통보

사건

경암

...

　　경암교육문화재단이 설립된 것은 2004년 2월입니다. 국가발전에 재목이 될 인재를 길러내고, 사회적 가치와 삶의 질을 고양하는 인재양성, 학술진흥, 그리고 문예 창달에 이바지한다는 목표로 〈공익법인의 설립 및 운영에 관한 규정〉에 따라 설립되었습니다. 이는 지역 소재 재단법인으로는 좀 예외적으로 큰 출연규모를 갖고 있다는 점 외에는 다른 교육문화재단과 비교하여 크게 특별한 게 없다고 할 수 있습니다.

　　그러나 가장 큰 차이는 설립자에게 있습니다. 외모로는 그냥 촌부라고나 해야 할 것이고 학력으로는 초등학교만 간신히 졸업한 송금조 전 이사장은 일반적인 재계 인사들의 이미지와는 잘 들어맞지 않습니다. 그런 그가 성실, 근면, 검약의 정신으로 평생 이룩한 결실을 사회로 환원하는 방법으로 마련된 기구라는 점에서 다른 재단과도 많은 대비가 될 것입니다.

경암교육문화재단은 설립 목표에 맞게 경암상을 제정해 운영하고 있습니다. 우리 사회의 지식과 문화 발전을 위해 묵묵히 작업해 온 분들이 많습니다. 그런 학자와 전문가, 예술가들의 창의적이고 헌신적인 노력을 온당히 평가하고 예우하기 위한 것이 경암상의 가치입니다. 그런 분들의 귀중한 업적을 귀감으로 학문연구와 예술창달에 매진하고자 하는 이들에게 동기를 부여하는 마중물이 되어야 하겠다는 뜻입니다. 경암상은 꾸준히 한 걸음씩 앞으로 걸었습니다.

경암 송금조 전 이사장

송금조 전 이사장의 사업 배경은 부산이지만 그의 고향은 양산입니다. 그가 경암상과 함께 중요하게 생각했던, 그러나 제대로 시작하지도 못했던 사업이 있습니다. 그것이 앞서 설명한 자연속의 창의 공간 '경암숲' 조성입니다. 그는 자신의 고향인 양산에 최고의 자연형 문화공간을 조성하여 양산은 물론 부산 전체 시민들이 수도권을 능가하는 문화향유를 누릴 수 있는 세상을 꿈꿔왔습니다. 학업을 제대로 마치지 못한 그가 양산의 교육·문화 수준을 높이고 언젠가 양산시의 발전을 위해 활용하겠다는 목적으로 준비한 토지가 있었습니다. 약 40년 전에 마련한 양산 사송지구 일대의 317,286㎡(약10만평) 부지였습니다.

경암상과 달리 경암숲은 제대로 계획을 세우기도 전에 첫 수용이 이루어졌고 결국 2020년에 송금조 전 이사장은 별세하였습니다. 송금조 전 이사장은 수용 이후에 이를 전제로 경암숲을 조성할 계획을 세우고 있었습니다. 그러기에 경암재단은 이사장의 별세 이후에도 고인의 뜻을 이어가야 할 책임을 갖고 있습니다. 큰 자연 속의 작은 건물들이라는 방향에서 다음 세대들이 천혜의 자연환경 안에서 창조적, 문화적 체험을 할 수 있는 공간을 조성하는 것이 방향이었습니다. 경암숲을 후학양성과 교육, 문화의 장으로 활용하려는 계획 방향 아래 〈경암원 조성 기본계획〉, 〈경암숲 조성사업 기획업무〉와 같은 계획을 차곡차곡 진행해 왔습니다.

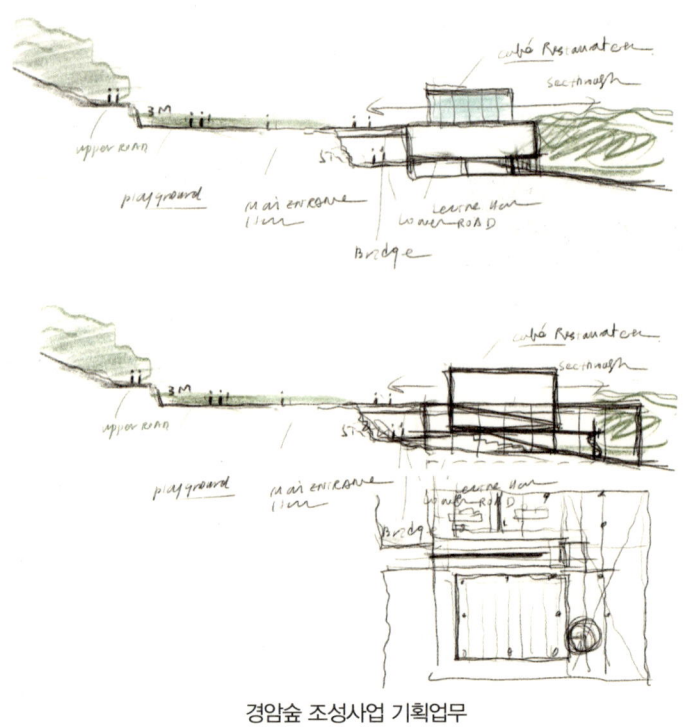

경암숲 조성사업 기획업무

수용

...

　　경암숲 부분이 처음 LH에 수용된 2008년은 〈2004년 양산 물금신도시 제3단지 내 부산대학교 양산캠퍼스 부지 매입 대금 305억 원 기부 건〉을 통해 세상에서 송금조 이사장과 경암재단의 이름을 알기 시작한 시기였습니다. 송금조 이사장은 어차피 이 사송지구 일대는 양산 시민을 위해 활용하겠다는 큰 목적으로 구입한 것이니 LH의 주택단지 개발도 방향에서 큰 차이가 없다며 흔쾌히 수용에 동의했습니다. 공공개발이니 당연히 양산시 사업이었고 사업주체는 LH였습니다. 당시 토지주들은 시에서 진행하는 것으로 착각하였으나 알고보니 사업주체는 LH였습니다. 그때 LH에서 내건 방향은 〈친환경 서민주택단지 조성계획〉이었습니다. 결국 그 토지 제공의 혜택은 경제적으로 어려운 양산시민의 몫일 것이라고 판단했던 것입니다. 그 면적은 43,900㎡(약13,280평) 정도였습니다.

　　그런데 이상하게 수용된 토지에서 이후 사업은 진행되지 않았습니다. 그렇게 사업은 유보되어 시간이 흘렀습니다. 그 동안 사업계획이 여러 차례 변경되어 상업지구의 면적이 확대되었다는 이야기, 분양계획이 바뀌어 주택단지의 분양가가 상승했다는 이야기들이 들리기도 했습니다.

어찌 되었건 수용된 땅은 그간 쓰레기 야적장에 가깝게 방치되었습니다. 진입방법이 불확실한 상태라 제대로 된 계획을 수립할 길도 없었습니다. 이후 재단은 경암숲으로 출입하는 길이 희미하게 점점 없어져 임시로 만든 비포장도로를 통행해야 했습니다. 어처구니

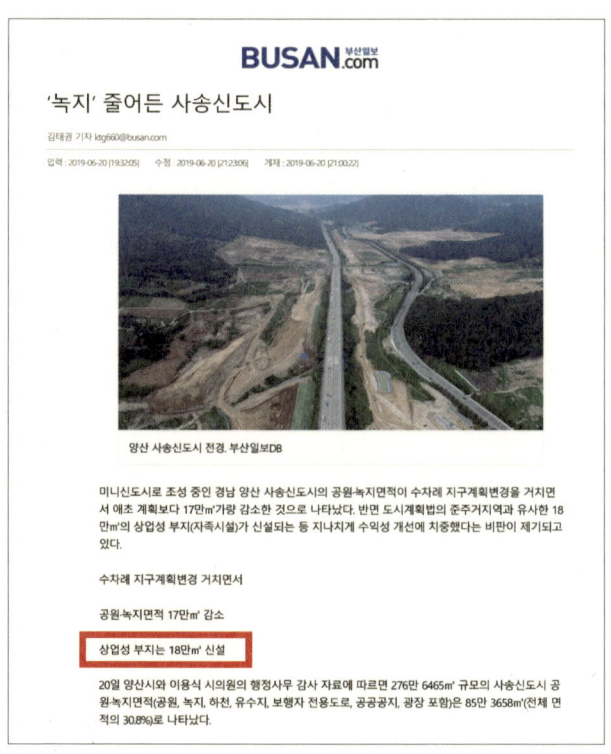

2019년 6월 부산일보 기사

없는 방치가 이어졌습니다. 방문 손님들을 위해 재단에서 부착한 게시물이 일방적으로 철거되어 항의하기도 하고, 사송지구 사업의 계획과 공사완료 시점을 문의하기도 하였으나 양산시로부터는 이렇다 할 회신도 없었습니다.

재단에서는 그간 경암숲에 더 많은 나무를 심으며 기다리기만 할 뿐이었습니다. 그러던 중 10년이 다 된 시점에 더욱 당황스런 사안이 발생했습니다. 추가 수용통보를 받은 것입니다.

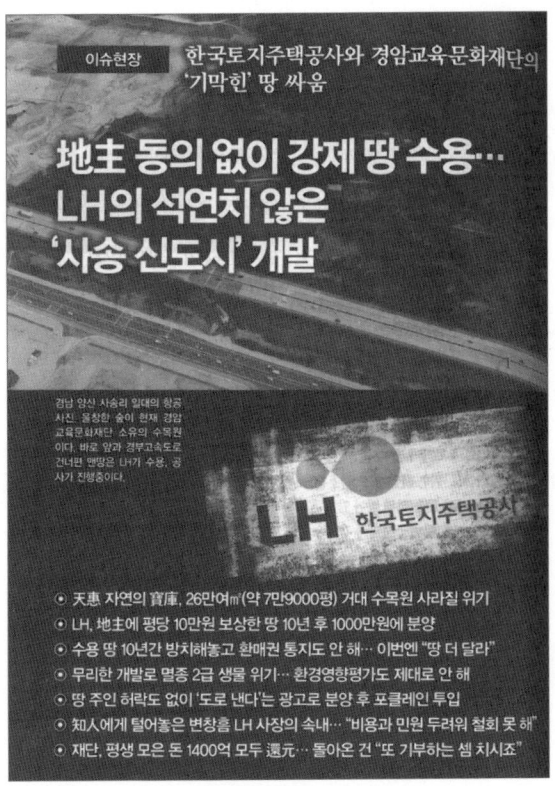

2020년 8월 월간조선 기사

추가 수용

...

2018년 LH는 경부고속도로 하부 연결도로 개설을 이유로 경암숲을 15,889㎡(약4,800평)를 2차 수용하겠다고 통보해왔습니다. 왜 1차 수용 때 2차 수용할 땅을 염두에 두지 않았을까? 그것은 지하도로로 계획되어 있었기 때문에 1차 수용 당시 요구하지 않았음을 방증하는 것입니다. 선행사업으로 기존 사용 중인 도로 외에 이미 조성되고 있는 주택단지와 이제 계획안을 수립한 상업부지를 연결하는 도로가 필요한데 이 도로 확보는 경암숲 일부를 추가 수용하여 확보한다는 계획이었습니다. LH는 재단에 그 어떤 통보도 없이 이미 진행된 광고와 분양 때문에 이제 번복할 수 없다고 주장하고 있습니다.

2018년 8월 28일에 〈양산 사송 공공주택지구 사업〉 계획변경을 전제로 이미 편입된 토지 인근에 있는 다른 토지주들에게 〈양산 사송 공공주택지구 밖의 사업〉과 관련한 의견을 제출하라는 공고가

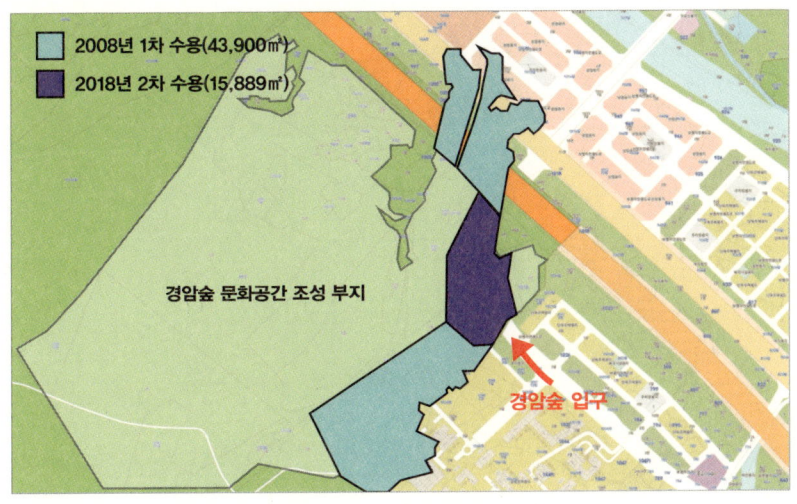

2018년 LH의 2차 수용 요구

났습니다. 이런 공고가 나기 전 토지주들에게 충분히 논의를 거쳐야 함에도 LH는 형식적으로 통보하는 관행에 의존하였습니다. 그래서 경암숲은 다시 '지구 밖의 사업' 내부로 지정되어 더 잘려야 하는 상황이 되었습니다. 우리가 세계 10대 경제대국으로 진입했다고 하는 지금, LH는 여전히 과거의 행태 그대로 발전이 없고 변하지 않습니다.

 그 '지구 밖의 사업'을 통해 입주자들의 편의가 확연히 증대되거나 공적가치가 추가로 확보되는 것이 뚜렷하다면 처음 계획단계부터 해야 할 일이지 공고부터 해놓고 할 일은 아닙니다. 그러나 이것은 LH에 고용된 엔지니어링 업체가 그린 도면을 무심하게 집행하겠다는 수준을 넘지 못하는 일이었습니다. 계획도에 보이는 것처럼 4차선 도로를 위해 잘라내야 할 수평면은 그 도로 면적의 몇

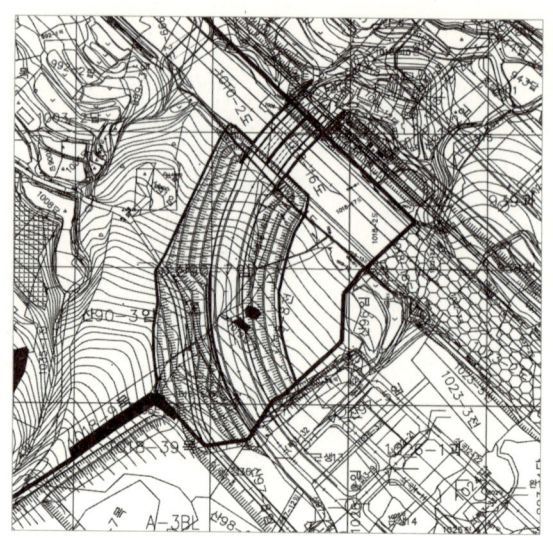

LH가 주장한 연결도로와 경사면 절개 계획도

배가 됩니다.

　이 도로가 필요하다는 이유는 경암숲 쪽 주민들이 경부고속도로 너머의 중심상업시설을 이용하게 한다는 것이었습니다. 그런데 그 접속도로의 연결거리는 약400m남짓입니다. 문제는 이 접속도로가 경부고속도로의 어두운 하부를 관통해야 한다는 점입니다. 게다가 기존 경암숲의 지형을 전혀 고려하지 않고 그려진 도로선형이어서 도로 양쪽에 높게는 30m에 이르는 절개 옹벽이 조성되어야 합니다. 최악의 경관조건을 갖는 도로를 만드는 것입니다. 그리고 경암숲의 진입로는 없어지고 절벽을 따라 진입하라는 셈인데, 구체적인 계획에 대해서 LH는 그 어떤 협의도 없었을 뿐만 아니라 여러 차례의 문의에도 답변을 회피하였습니다.

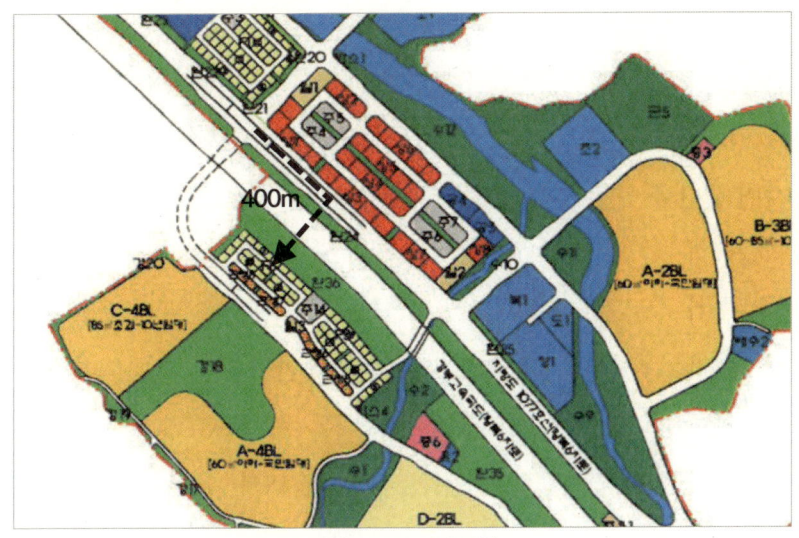

계획도로 및 주변 계획

 수도권의 위성도시 개발도 이런식으로 진행되어왔는지 당연히 보행자가 회피하는 환경이고 결국 이 짧은 구간을 자동차로 이동하도록 권장하는 시대착오적 계획이 제시된 것입니다. 자동차 이동이 전제가 된다면 기존에 이미 확보되어 있는 터널을 이용하면 될 뿐입니다. 기존 터널을 이용한다고 해도 이동 거리는 가장 멀리 있는 위치에서 길어도 약400m 정도 늘어날 따름입니다.

 그럼에도 LH는 고속도로 건너편의 시설을 이용하려는 입주자들의 편의를 위해 이 도로개설이 필요하다고 주장할 수 있으나 이 주장은 허위, 과장광고를 무마하기 위한 방편일 뿐입니다.

 어차피 경부고속도로를 지하로 관통해야 하니 지하도로 시공은 더 합리적으로 판단할 수 있습니다. 그러나 이 도로를 지하 터널도로에서 개착식도로로 LH에서 바꾼 이유는 터널도로의 공사비가 비싸다는 것입니다. 결국은 돈이 든다는 것 때문입니다. 그런데 그 경제성의 산출에는 오직 단순공사비만 계산되어 있습니다. 이 자연 공간을 바꾸는데 어떻게 단순공사비만으로 가치를 재단할 수 있습니까.

추가 수용 요구 중인 경암숲 부분은 자연이 만든 바위조각 전시장이라는 이름이 붙을 정도로 수려한 암반군 사이로 냇물이 흐르는 곳입니다. 이 자연을 자동차만 다니는 옹벽 도로로 만들겠다는 계획은 도저히 받아들일 수 없는 일이었습니다. 일본을 비롯한 세계 많은 곳에서는 개착은 커녕 나무 하나 자르지 않기 위해 자연을

일본 시가현 미호 뮤지엄 가는 길

그대로 살려 건축하거나 도로를 개설하는 사례를 흔히 볼 수 있습니다. 붐비는 도시와는 거리가 먼 일본 시가현 미호 미술관은 초록빛 시가라키 산맥에 자리 잡고 있습니다. 박물관으로가는 길은 터널을 통해 입구와 2개의 산마루에 걸쳐있는 다리 위로 향합니다. 다가 가면 소나무로 가득한 산 경사면 위의 유리 지붕이 활기를 띠게 됩니다. 고전적인 중국 시인 "Peach Blossom Valley"의 지상 낙원과 마찬가지로 대부분의 박물관 건물은 숨겨져 있습니다.

    경암교육문화재단은 당연히 반대의견을 제시하였음에도 불구하고 2018년 12월 31일 LH 계획안 그대로 사업승인 고시가 이루어 졌습니다. LH는 세 차례에 걸쳐 해당 3필지 토지의 수용을 전제로 한 손실보상 협의를 요청해 왔습니다. 그러나 사업에 동의가 절대적으로 어려운데 보상협의에 응할 일은 없었습니다. 2020년 2월 26일 양산시는 토지주들에게 〈양산 사송 공공주택지구〉 수용재결신청사항 열람공고 통지를 해 왔습니다.

환매

...

　　양산시와 LH가 이런 통보를 하기 앞서서 마땅히 시행했어야 할 일은 따로 있습니다. 그것은 환매권에 관한 내용입니다. 추후에 알게 된 사실인데 수용 후 5년이 경과한 시점에서 사업 착공이 되지 않는다면 토지를 수용당한 원 소유주에게 환매권이 있다는 규정입니다. 첫 수용이 이루어진 지 꼭 5년이 된 시간, 즉 환매권이 발생한 2014년 2월 19일 이후 지금까지 해당 토지의 소유자였던 경암교육문화재단에게 환매권 발생 사실을 통지한 사실이 없습니다. LH는 [토지보상법]의 환매권 관련 규정을 누구보다도 잘 알고 있는 기관이지만 환매권자인 경암재단에게 환매권을 통지하지 않은 것은 고의성이 충분하다는 것이 재단의 의구심입니다.
　　대법원은 "토지수용은 헌법상의 재산권 보장의 요청 상 불가피한 최소한에 그쳐야 한다는 헌법 제23조의 근본 취지에 비추어 볼 때 사업시행자가 사업인정을 받은 후 그 사업이 공공수용을 할 만한 공익성을 상실하거나 사업인정에 관련된 자들의 이익이 현저히 비례의 원칙에 어긋나게 된 경우 또는 사업시행자가 해당 공익사업을 수행할 의사나 능력을 상실하였음에도 여전히 그 사업인정을 근거로 하여 수용권을 행사하는 것은 수용권의 공익 목적에 반하는 수용권의 남용에 해당하여 허용되지 않는다"고 판시하고 있습니다.

2013년 5월 중순 경 감사원은 LH가 개발제한구역을 해제하여 추진한 보금자리주택지구 사업의 부적정 및 전환 보금자리주택 지구 사업추진에 대한 감사결과에서 "정부는 주택 수요, 입지조건 등에 대한 충분한 검토 없이 주택 공급물량 목표를 설정하였고 LH공사에서는 공급물량 총량 목표달성에만 치중하여 주택 과잉공급 및 LH공사 재무상태 악화를 초래하였다"라고 이미 지적한 바 있습니다.

LH는 당시 국토해양부의 보금자리주택 공급물량 확대 정책에 따라 임대주택 단지의 공급유형별 주택 수요와 인접 지역 개발현황 등을 제대로 검토하지 않은 채로 사업을 시작한 것이 틀림없을 것입니다. 그래서 "양산 사송지구" 사업이 장기 미착공되면서 여러 가지 부작용이 발생하였고 추가된 금융비용이 748억원에 이르는 것으로 알고 있습니다. 그 결과 소요 공사비를 엉뚱한 곳에서 보충하려는 것이 아닌지 의심스럽습니다.

또한, 2007년 7월 20일 최초 사업승인일로부터 무려 5차례나 계획을 변경하는 과정에서 녹지비율은 감소하고 상업용지 비율은 증가했습니다. 이것은 결국 이 사업이 시행주체의 사업성 충족 외에는 의미를 찾기 어렵다는 사실을 방증하고 있습니다. LH는 토지

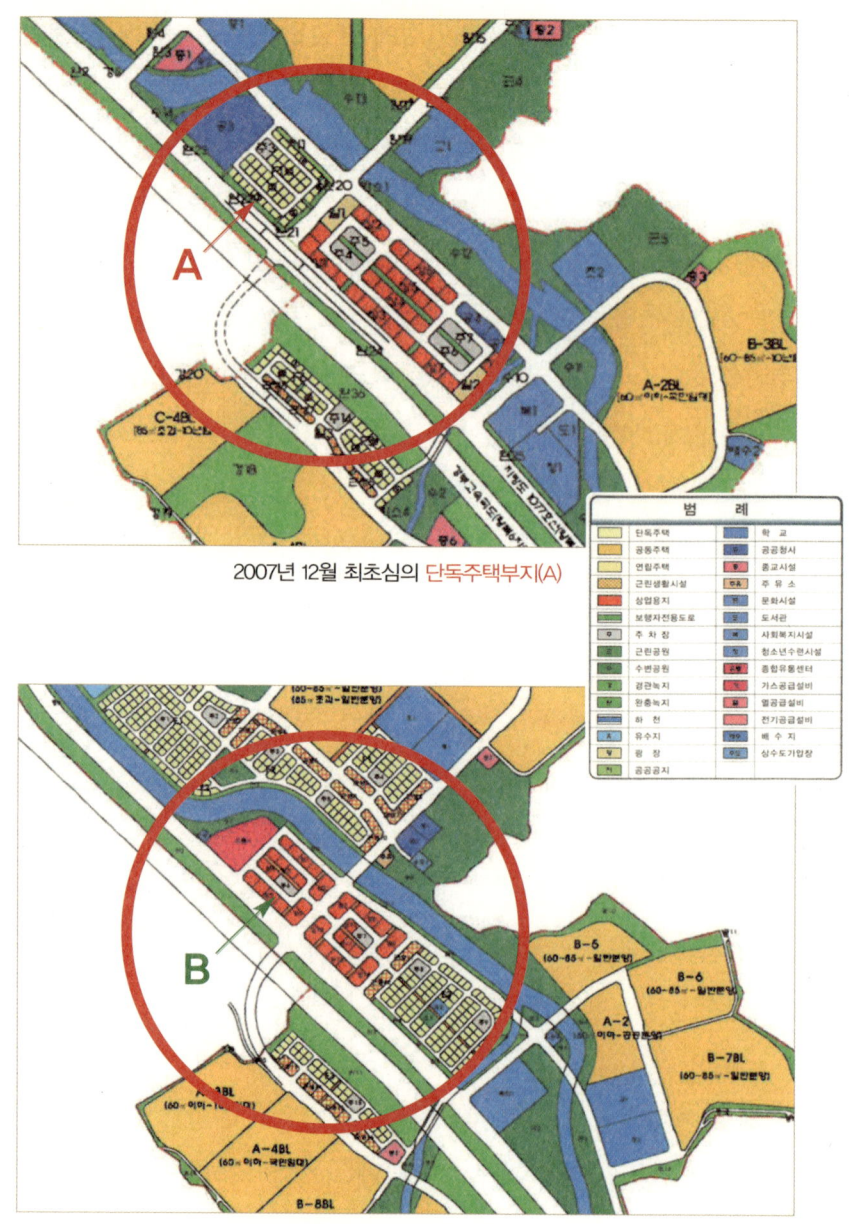

2007년 12월 최초심의 단독주택부지(A)

2016년 12월 상업용지(B)로 변경

수용에 대한 민원이 해결되지 않은 채로 사업계획을 변경하고 2019년 5월에는 단지 간 연결도로가 개설된다고 이미 상업용지 공급 안내를 시작했습니다. 그 면적 30,759㎡(약9,300평)의 분양가는 756억 원이었습니다.

양산 사송지구 사업의 문제점

1. 개발제한구역 해제 보금자리주택지구 사업추진 부적정 및 전환 보금자리주택지구 사업추진 부적정 (※첨부 : 1.2013. 5월 감사원 감사결과 25~34Page 276~278Page)

1) LH공사에서는 공급물량 총량 목표달성에만 치중하여 시장여건, 수요타당성 등 <u>사업투자 타당성</u>에 대한 구체적인 검토없이 경영투자심사위원회 심의마저 모두 생략하였음.

【문제점】
- 정부는 주택수요·입지여건 등에 대한 충분한 검토 없이 주택 공급물량 목표를 설정하였고 LH공사에서는 공급물량 총량 목표달성에만 치중, 주택 과잉공급 및 LH공사 재무상태 악화 초래

1-(가) 주택 공급량 과다 설정 및 보금자리주택사업 추진 부적정26)

2) 기존 택지개발지구를 보금자리주택지구로 전환하는 사업은 임대유형을 다양화하여 저소득층의 주거복지를 향상하고 중소형 분양주택을 공급하여 서민의 주택마련 기회를 확대하기 위한 것임에도 불구하고 <u>LH공사에서는 구)국토해양부의 보금자리주택 공급물량 확대 정책</u>에 따라 임대주택단지의 공급유형별 주택수요와 인접지역 개발현황등을 제대로 검토하지 아니한채 구)국토해양부에 신청하여 <u>양산사송지구 사업이 장기 미착공됨.</u>

→ 그 결과 수년동안 금융비용(748억원)만 발생함.

[별표 2]

LH공사의 보금자리 전환지구 중 사업지연취소 등 지구 현황

(단위: 천㎡, 억원)

구분	지구명	지구전환	사업면적	공급 호수 총 호수	공급 호수 보금자리	사업비	기존 투입 사업비	금융비용(누적)
	계		23,399	142,781	112,929	447,346	58,367	9,678.3
장기미착공	군포송정	2010. 5. 7.	514	3,880	3,049	7,815	1,884	400
	고양지축	2010. 5. 7.	1,190	8,600	5,830	24,131	11,735	1,022
	고양향동	2009. 10. 27.	1,178	7,994	5,139	23,326	12,385	1,349
	시흥장현	〃	2,932	16,485	14,408	39,897	8,963	1,695
	화성봉담2	〃	1,466	10,450	8,648	25,019	4,082	677
	대구연경	〃	1,512	6,912	5,238	12,552	3,052	653
	양산사송	〃	2,766	12,615	9,769	21,912	3,720	748

2013년 5월 감사원 감사결과

거듭, LH는 추가 수용되는 토지가 사업지구 내외 지역 주민의 편의 증진에 사용될 거라고 했지만 목적은 분양이익에 지나지 않았습니다. 시세차익에 의한 수익확보가 목표였으니 절차적 타당성은 불편한 과정이었을 것입니다.

평가

...

일단 현 상황부터 살펴보아야 합니다.

이 지역은 금정산에서 발원한 물이 풍부하게 머무르는 곳으로, 늘 계곡이 마르지 않고 지하수위가 풍부한 지역이었습니다. 과거 전란 시에는 풍부한 물을 이용할 수 있기에 화전이 발달하여 피난민의 생계 터가 되었고 전쟁이 끝난 후 화전 밭이 버려지면서부터는 빠르게 자연이 회복될 수 있었습니다. 맑고 풍부한 물과 다습한 환경으로 발달한 수림대는 양서류 서식처로서는 최적의 특성을 보이고 있습니다. 현재 확인된 바로는 환경부가 지정한 멸종위기 2급인 '고리도롱뇽'의 세계 최대 서식처입니다.

2020년 서울대 민미숙 교수 연구팀이 발견한 사송지구 신종 꼬리치레도롱뇽

최근에는 아직까지 종(種)이 등재되지 않은, 전 세계에서 사송지구 일대에서만 서식이 확인된 '꼬리치레도롱뇽'류의 신종도롱뇽의 유일 서식처로 판단되는 지역입니다.

지하수 수맥변화로 문제에 처한 계곡은 다방천으로 이어지는 물줄기 중 하나였습니다. 과거 지적도에는 지번이 표시되어 있고, 지도 및 2009년 보고된 환경영향평가서 상에 나타난 지도에는 물줄기가 분명히 표시되어 있습니다. 하지만 LH의 공사가 진행되고 있는 현재 해당 필지에서는 계곡의 흔적만 남아있을 뿐, 물줄기는 찾아볼 수 없습니다.

사송택지조성 1지구와 인접한 경암부지내 하천

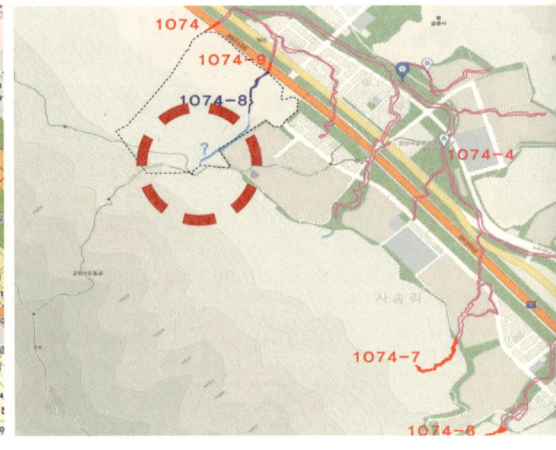
주요 수계 1074-8 : 지번이 사라진 경암부지 내 하천

그 계곡을 담고 있는 것이 경암숲의 2차 수용을 통보받은 곳입니다. 이곳은 화산암, 화강암의 전석지로 국가 지질공원 중 하나인 제주도나 해운대 장산과 유사한 경관을 갖고 있습니다. 한 번 훼손

수용 요구 중인 경암숲 현황

된 자연은 억만금을 주어도 회복할 수 없습니다. 그런데 그 암석들과 수목이 사라지게 될 위기에 처했습니다.

 이런 사업의 전단계로 행해야 할 일은 환경영향평가입니다. 환경영향평가는 발주처가 고용한 용역업체가 수행하며 그 결과보고서로 사업여부를 판단하는 것은 환경부입니다. 이 경우 환경영향평가보고서를 검토할 주체는 낙동강유역환경청이었습니다. 환경영향평가를 해야 사업을 진행할 수 있다는 점에서 한국이 좀 더 발전한 국가가 되었다는 점은 틀림없습니다. 그러나 그 평가가 진행되는 방식은 여전히 한국의 정체성을 의심하게 합니다.

개발사업자에게 환경영향평가는 거추장스런 과정일 것입니다. 그러기에 개발사업자는 입맛에 맞는 환경영향평가 용역업체를 고용하기 원하고 환경영향평가 용역업체에게 LH와 같은 거대 개발사업자는 거스를 수 없는 고용자일 것입니다. 이곳 역시 "지구 밖 사업"이라는 다른 명칭을 쓰면서, 기존 사업지구면적에 포함되지 않아 환경영향평가 등이 제대로 이루어지지 않았다는 것이 문제입니다.

〈양산 사송 공공주택지구 지구 밖 사업〉의 소규모 환경영향평가서 중 자연생태계 분야를 조사·작성한 곳은 주식회사 아이케이씨알이라는 회사입니다. 결국 이 사안은 고발로 이어졌습니다.

양산 경찰서의 수사내용

허위 환경영향평가 보고서 (작성자 : ㈜아이케이씨알이)

구분		거짓 . 허위 보고서	사실 관계
조사인원		출장신청 4인	실제 2인 (숙박, 식사, 음료 구매 영수증 기록 모두 실제 2인)
조사 내용 의 거짓	조사 기간	사진 찍은 시간과 조사 기간 다름	
	식생 조사	허위 보고서 작성	조사하지 않음
	식물상 조사	- 사진 촬영 순서 야장 기록 순서가 전혀 다름 - 사진은 해당 종을 찍었으나, 야장 기록에 없는 종이 대부분. - 동일인이 조사한 식생조사표에 있는 종이 식물상조사표에는 없음	

공사재개 목적으로 제출된 허위보고내용

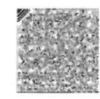

경남양산경찰서

제 2021-02762 호 2021. 7. 13.
수 신 : 진애언 귀하
제 목 : 수사결과 통지서(고발인·송치 등)

귀하와 관련된 사건에 대하여 다음과 같이 결정하였음을 알려드립니다.

접 수 일 시	2020. 11. 12.	사 건 번 호	2021-000921
죄 명	환경영향평가법위반(사건번호 : 2021-674, 2021-921)		
결 정 일	2021. 7. 13.		
결 정 종 류	송 치 (o) : 울산지방검찰청		
주 요 내 용	별지와 같음		
담 당 팀 장	지능팀 경감 박순규	☎	055-392-0267

※ 범죄피해자 권리 보호를 위한 각종 제도

- ○ 범죄피해자 구조 신청제도(범죄피해자보호법)
  - 관할지방검찰청 범죄피해자지원센터에 신청
- ○ 의사상자예우 등에 관한 제도(의사상자예우에관한법률)
  - 보건복지부 및 관할 자치단체 사회복지과에 신청
- ○ 범죄행위의 피해에 대한 손해배상명령(소송촉진등에관한특례법)
  - 각급법원에 신청, 형사재판과정에서 민사손해배상까지 청구 가능
- ○ 가정폭력·성폭력 피해자 보호 및 구조
  - 여성 긴급전화(국번없이 1366), 아동보호 전문기관(1577-1391) 등
- ○ 무보험 차량 교통사고 뺑소니 피해자 구조제도(자동차손해배상보장법)
  - 자동차 보험회사에 청구
- ○ 국민건강보험제도를 이용한 피해자 구조제도
  - 국민건강보험공단 급여관리실, 지역별 공단지부에 문의
- ○ 법률구조공단의 법률구조제도(국번없이 132 또는 공단 지부·출장소)
  - 범죄피해자에 대한 무료법률구조(손해배상청구, 배상명령신청 소송대리 등)
- ○ 범죄피해자지원센터(국번없이 1577-1295)
  - 피해자나 가족, 유족등에 대한 전화상담 및 면접상담 등
- ○ 국민권익위원회의 고충민원 접수제도
  - 국민신문고 www.epeople.go.kr, 정부민원안내콜센터 국번없이 110
- ○ 국가인권위원회의 진정 접수제도
  - www.humanrights.go.kr, 국번없이 1331
- ○ 수사 심의신청 제도(경찰민원콜센터 국번없이 182)
  - 수사과정 및 결과에 이의가 있는 경우, 관할 시·도경찰청 「수사심의계」에 심의신청
- ○ 수사중지 결정 이의제기 제도
  - 수사중지 결정에 이의가 있는 경우, 해당 사법경찰관의 소속 상급 경찰관서의 장에게 이의제기
  - 법령위반, 인권침해 또는 현저한 수사권 남용이라고 의심되는 경우, 관할 지방검찰청 검사에게 신고 가능

경 남 양 산 경 찰 서 장

양산 경찰서 수사결과통지서

그 결과 주식회사 아이케이씨알이 관련자 8명에 대하여 환경영향평가법 위반 혐의로 형사입건 및 피의자 조사를 하였고, 그 중 평가서 작성에 참여한 것으로 확인되는 6명에 대하여는 혐의 인정된다고 판단되어 울산지방검찰청에 송치 결정이 이루어졌습니다. 주식회사 아이케이씨알이라는 법인에 대하여서는 환경영향평가법상 양벌규정에 의거, 혐의 인정되어 송치가 결정되었습니다. 그러나 피고발인 LH에 대하여서는 이 사업진행을 위해 주식회사아이케이씨알이 대상 허위 평가서를 작성하도록 요구하거나 지시하였다는 증거가 불충분하여 불송치 결정이 내려졌습니다. 결국은 LH가 용역을 준 회사는 검찰에 송치 되었고, LH는 자연스럽게 빠져나가는 구조로 사업이 진행되었습니다.

검토

...

　　환경영향평가가 허술하게 작성되거나 조작되었을 경우 이를 견제할 주체는 환경부와 낙동강유역환경청입니다. 그러나 환경보호에 앞장서야 할 환경부와 낙동강유역환경청은 LH의 엉터리 환경영향평가서를 검토하면서도 해당 문제를 전혀 확인하지 못했거나 오히려 공사 진행 과정에서 발생하는 환경문제들에 눈감아 왔습니다. 결국 보다 못한 환경단체들이 개입하기 시작했습니다.

　　〈사송지구 환경영향평가 대책위〉와 부산대학교 홍석환 교수팀이 공동실시한 식생조사 결과를 근거로 LH의 환경영향평가가 엉터리였음을 확인하고 2020년 11월 낙동강유역환경청에서 기자회견을 하고 다음과 같은 내용을 요구했습니다.

> **첫째.** LH는 사송 지역의 멸종 위기종인 고리도롱뇽과 꼬리치레도롱뇽의 보호 대책과 대체서식지의 조성계획을 세우라.

둘째, LH는 다방천 등 공사로 인해 하천 파괴 지역을 시민단체와 함께 현장조사에 응하라.
셋째, LH는 자료 공개 등 환경 영향평가제도 개선하는 테스크포스 구성에 적극적으로 참여하라.
넷째, LH는 지금까지의 사송 지역 환경영향평가의 부실을 인정하고 이후 환경영향평가 문제점 개선의 대책을 마련하라.
다섯째, 이후 위의 문제들이 개선되지 않을 경우 공사 중단을 요구할 것을 강력히 요구합니다.

LH공사로 인해 폐사한 도롱뇽

또한 〈김해양산환경운동연합〉은 2021년 4월 26일 긴급성명서를 통해서 "멸종위기종 폐사 방치하는 낙동강유역청은 각성하고 LH 사송지구 공공주택단지 공사를 즉각 중지명령하라"고 발표하였습니다. 〈김해양산환경운동연합〉의 요구는 이런 것이었습니다.

> **첫째,** 낙동강유역환경청은 죽어가고 있는 멸종위기종 고리도롱농 긴급구조에 직접 나서라.
> **둘째,** 낙동강유역환경청은 고리도롱농 분포현황 조사와 서식지 보호를 마련 정밀조사가 빠른시일내 추진하라.
> **셋째,** 고리도롱농 서식지 보호를 위하여 계곡부와 이어지는 배수로를 포함한 공사장 내 모든 물길을 고리도롱농 구조활동과 서식지 보호대책이 마련되기까지 보호를 위한 대책을 마련하라.
> **넷째,** 공사로 인하여 파괴된 도롱농 서식지 계곡부와 하천을 생태적으로 복원하기 위하여 일시 공사중단과 대책마련을 위한 민관협의체를 구성하라.
> **다섯째,** 낙동강유역환경청은 멸종위기종 고리도롱농을 폐사에 이르게 한 LH를 고발하라.
> **여섯째,** 낙동강유역환경청은 양산사송지구 공공주택지구 조성 공사를 중지명령하라.
> **일곱째,** 낙동강유역환경청장은 멸종위기종 관리부실을 책임지고 사과하라.

환경단체의 압력에 이제 공무원들이 답신을 할 차례가 되었습니다.

LH공사로 인해 건천이 된 경암숲 내 계곡(2021년)

고갈

환경단체의 반발이 이어지자 낙동강유역환경청은 공사중지를 명령했습니다. 낙동강유역청은 당초 공사중지 기한을 (고리)도롱뇽 구조활동, 서식지 보전 등 멸종위기종 서식환경이 안정될 때까지라고 명시하였습니다. 그리고 국립생태원의 현장실사가 있었습니다.

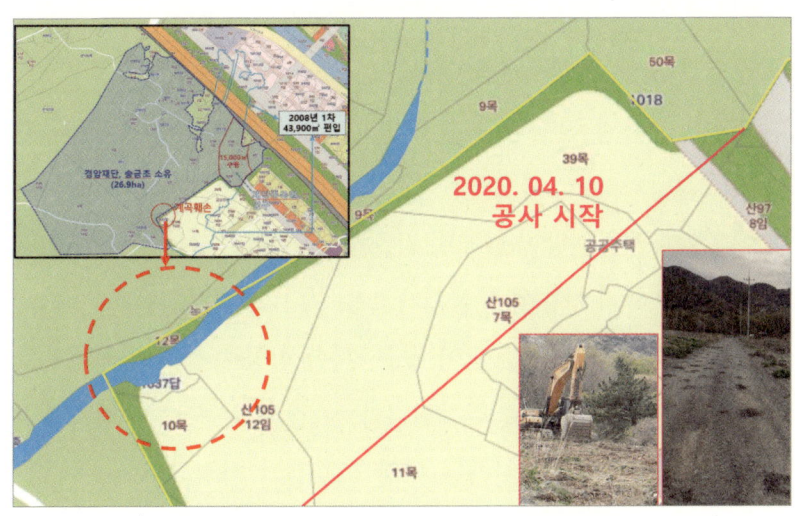

경암숲과 1공구 북측 경계면 계곡과 물길 위치도

그러나 곧 낙동강유역환경청은 2021년 6월 중순에 공사중지된 양산 사송지구 현장에 대하여 공사재개를 승인하였습니다. 낙동강유역환경청은 공사재개 허용의 근거자료로 LH에서 부산대 주기재 교수에 의뢰한 [고리 도롱뇽 포획·방사 및 정밀조사 대책수립에 따른 최종보고서]가 공사 재개 승인근거라고 제시했습니다. LH는 2021년 4월 23일~5월 30일까지 구조활동결과 유생 4,555개체, 성체 61개체, 알 650개체를 포획·방사한 결과를 제시하였습니다.

그러나 공사재개 요청에 사용된 구조 진행의 중간자료 또한 용역의 자료취합책임자와 협의도 없이 LH가 임의로 사용한 것이었습니다. 즉 공사재개 여부를 판가름하는 핵심 기준의 달성여부에 무관하게, 즉 해당 내용에 대해 아무런 근거자료가 없는 상황에서 공사재개가 수락된 것입니다. 이 사실은 낙동강유역환경청이 처음부터 멸종위기종 구조와 대체서식지 마련에 대한 의지가 없었다는 의구심이 생기는 지점입니다.

이미 공사가 진행된 구간이 있으니 계곡물은 점점 더 말라가고 있었습니다. 2021년 2월 5일 준공 허가한 공사 현장 지하수 개발 이후, 계곡의 수량이 급격히 감소하고 결국 고갈된 상태로 생명의 원천으로서의 기능을 상실해가고 있습니다. 공사장에서는 30㎥/일 취수계획으로 허가를 받아 놓고, 사실상 양수 능력의 최대치를 취수하여 사용한 것으로 추정됩니다. 이것은 인근 토지 경작자의 생업에도 직접 영향을 미치는 사항으로 긴급 시정되어야 할 사항입니다. 그래서 이번에는 지하수 고갈에 따른 시정명령으로 지하수 폐공 등의 조치가 긴급하게 이루어질 수 있도록 양산시에 공문을 보냈습니다.

양산시의 답변은 "공사현장을 확인한 결과 지하수를 오염시키는 행위는 확인하지 못하였으며, 지하수 개발로 인하여 자연생태계를 해쳤다고 보기에는 인과성이 부족한 것으로 판단되며 실제 취수량이 신고 시 취수계획량보다 적어 취수량을 제한하기에는 어려움이 있다"라는 것입니다. 또한, "향후 지하수로 인하여 환경문제가 발생하지 않도록 지속적인 관리를 할 예정"이라는 답변에는 할 말을 잃었습니다. 시에서는 과연 현장에 몇 번이나 방문해봤을지 돌아오는 답변은 항상 형식적이고 사실관계 확인을 요청해도 답변을 들을 수는 없었습니다. 모두 수용을 전제로 이곳을 사막화 지역으로 생각하고 있는 것은 아닌지 하는 의구심이 듭니다. 자연을 보호하고 자연파괴를 감독해야할 양산시가 오히려 앞장서서 자연파괴의 동조 세력이 되고 있습니다.

LH 공사 이전 경암숲의 맑은 계곡과 도롱뇽

제안

대안

• • •

왜 LH는 1공구와 2공구를 연결하는 도로를 구상하게 되었을까? 이 도로의 필요성을 이해하기 전에 LH가 그동안 설계를 변경하고 또 수정했던 과정들을 상세히 이해할 필요가 있습니다. 2007년 당초 계획으로는 2공구에서 1공구로 접근하는 방식이 지하도로였습

■ 최초 심의(2007. 12)

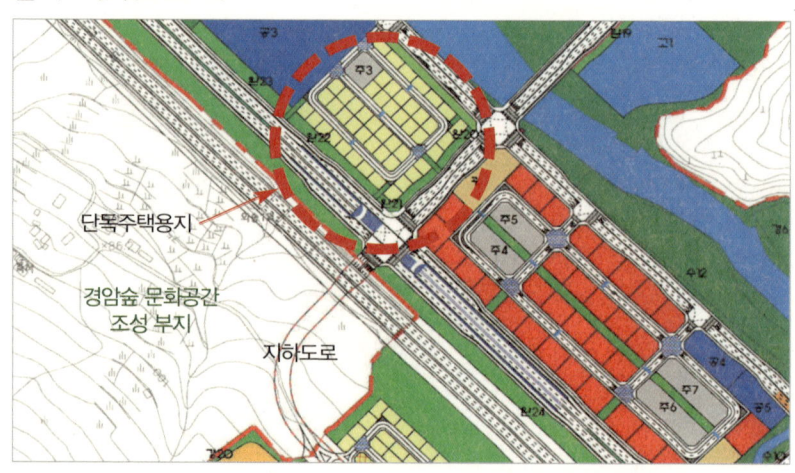

2007년 최초 계획도 지하도로 (LH한국토지주택공사 제공)

니다. 그러나 2공구 내의 상업시설이 크게 확대되고 유통단지까지 설계변경이 이루어지면서 지상도로로 둔갑한 것입니다. 2공구의 당초 단독주택용지가 상업용지로 변경되었고 대규모 유통시설이 인접하는 설계로 변경됨에 따라 상업성을 높이기 위해 지상도로로 변경하여 1공구의 주택분양을 촉진하고자 한 것으로 보입니다.

어떤 현실적인 대안으로 이 문제가 극복될 수 있을까?

경암재단은 극단적인 환경파괴방식인 경사법면 노출의 개착식 방법의 도로보다는 최초심의안(2007년 12월)인 지하(터널)도로의 개설을 차선책으로 제시하는 바입니다. 전문가들이 제시한 대안들 중 **대안1**은 LH가 이미 수용한 땅 내에서 S자형으로 도로를 개설하여 문제해결을 하는 것이고,

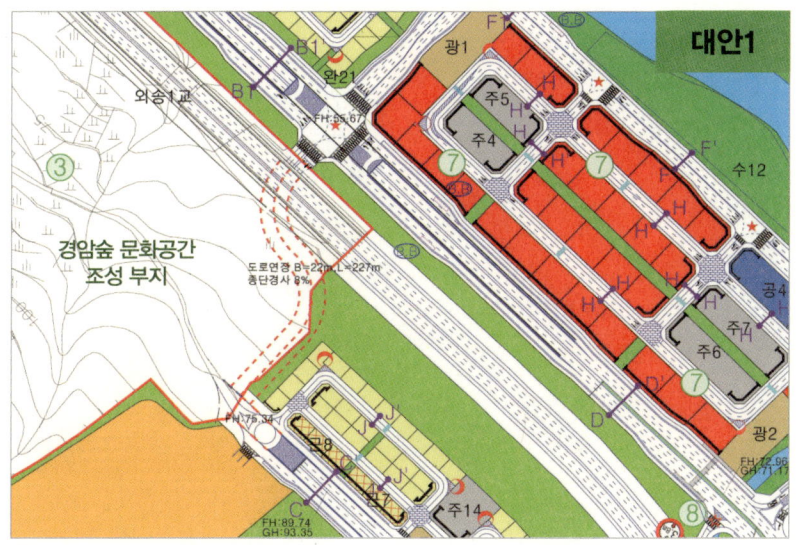

LH가 이미 수용한 땅 내에서 S자형으로 도로 개설

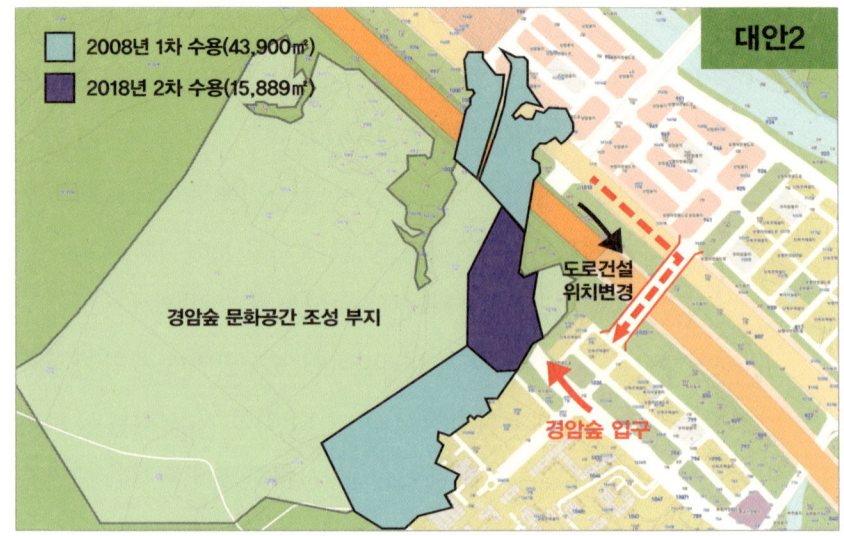

LH 부지 내에서 경부고속도로 하부를 통과하는 새로운 지하(터널)도로 개설

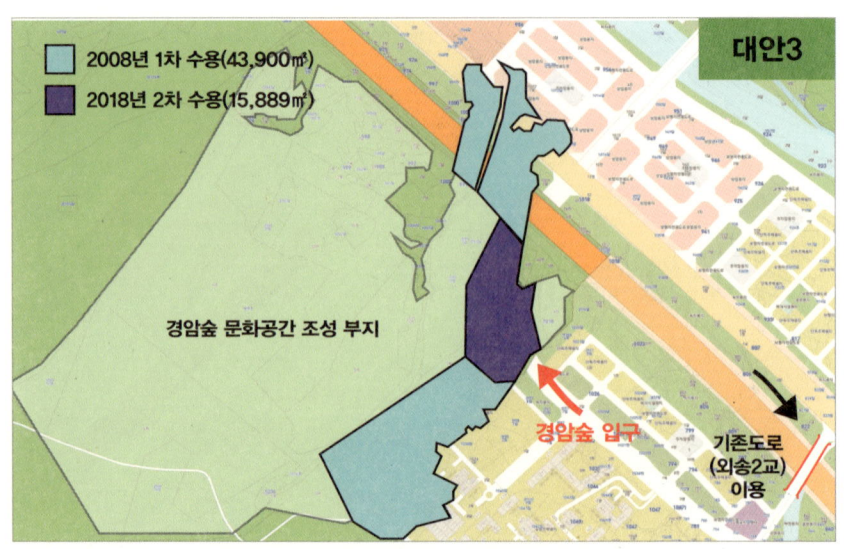

기존 도로인 외송2교(폭 17M)이용

대안2는 내송역으로부터 약 200m정도를 남쪽으로 내려와 LH 부지내에서 경부고속도로 하부를 통과하는 새로운 지하(터널)도로를 개설하여 문제를 해결하는 방법입니다.

　　마지막으로 **대안3**은 대규모 공사 필요없이 기존에 있던 외송2교를 이용하는 것입니다.

　　LH가 진행 중인 경암 부지 추가 수용을 통한 개착식 연결도로의 개설은 2020년부터 공식적으로 확인된 멸종위기종인 고리도롱뇽의 서식처가 도로 노선을 중심으로 광범위하게 확인되었고 신종 후보인 꼬리치레도롱뇽도 인접하고 있어 어떤 계획상에도 멸종위기종에 대한 대안이 수립되지 않는 한 진행될 수 없습니다.

나아갈 길

...

1. 경암생태원 조성계획

사업의 범위 및 수행방법

》 **사업의 범위**

▌공간적 범위
- 경남 양산시 동면 사송리 일원
- 부지면적 : 269,628m²

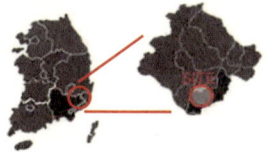

▌내용적 범위
- 대상지 측량조사 및 종합분석
- 생태정원 조성계획 수립

경암생태정원

대상지 현황
1. 개발여건분석

경암생태정원

조성계획
■ 조성계획도

2. 경암숲 조성사업 기획업무

경암 인문학 연구동, 어린이 박물관, 미술관, 과학관 예상 스케치 및 조감도

3. 아름다운 수목원

조화로운 경암숲 내부 전경

원시적 아름다움을 보존한 경암숲

64 무너진 풍경

상생

...

　대안이 필요한 시점이 왔습니다. 이미 절토하고 걷어낸 땅을 다시 자연으로 돌릴 수 없는 것은 뚜렷합니다. 그러나 더 이상의 불필요한 자연 훼손은 없어야 하겠습니다. 여기서 중요한 단어는 '불필요한'입니다. 필요한 도시화에는 동의합니다. 그러나 인간과 자연이 공생하는 방안이 있다면 일방적인 인간의 편의에 앞서 선택해야 할 가치입니다.

　LH에서 10년전 처음 계획하고 제안했던 방법이 터널형 도로였습니다. 그런데 어떤 사업성의 잣대였는지 사업비가 많이 든다는 이유로 끔찍한 법면을 만드는 개착형 도로로 바뀌었습니다. 중요한 것은 LH에서도 상생의 안을 전제로 했었다는 점입니다. 여기서 문제로 삼는 것은 갑자기 등장한 그 사업성이라는 단어가 지니는 폭력성과 단견입니다. 당시(2007년도) 시의 주장은 120억 원 정도로 계획했던 지하도로 건설비용이 이제는 350억이 들어 당초 예산으로는 지하도로 공사를 진행할 수 없다는 것이었습니다. 하지만 LH는 앞서 경암으로부터 이미 수용한 땅 1만5천평으로 천문학적인 수익을 얻었습니다.

이제 대한민국은 이미 조성된 도로 상부에 생태통로도 만드는 국가가 되었습니다. 그런데 잘 보존된 자연을 다 파헤쳐서 거대한 옹벽을 만들면서 자동차 통행 도로를 만들어야 하는 이유를 찾기는 어렵습니다. 원래 있던 도로를 해체함으로써 그 곳을 사용하던 주민들은 갈 길이 없어졌습니다. 어차피 지하구간은 만들어야 하는 사업입니다. 자동차 통행 도로가 필요하면 기존 계획했던 지형의 지하부분을 이용하면 될 것입니다. 경암교육문화재단은 그 지하부 이용에 대한 어떤 보상도 요구할 생각이 없습니다. 다만 그 상부의 자연만 존치시키기를 바랄 뿐입니다.

숲세권이라는 말이 있습니다. 교통, 쇼핑, 학교 등의 인프라가 구성되어 있는 곳이 주거지로서 선호되어왔지만, 바쁜 현대인들의 삶에서 쉼과 힐링이 부각되면서 '공원'이라는 숲과 문화시설의 필요도도 증가하였습니다. 이러한 측면에서 사송신도시 속 숲은 양산시에서 오히려 나서서 조성해야 할 사업입니다.

경암숲은 재단의 이익이 아닙니다. 가까이는 지금 조성되는 아파트 단지에 입주하는 시민들이고 멀리는 양산 시민들의 이익이 될 것입니다. 자연의 가치를 배우고 공생하며 교육과 문화의 장이 되어줄, 그들을 위한 숲을 만드는 것이 재단이 할 일이라고 생각하기 때문입니다. 건설예정인 도로는 하루에 몇 명이나 이용할 것이라는 구체적 조사도 없었고 임대주택 거주자들의 상가 쇼핑계획도 모르는 상황입니다.

    또한 기술적으로 전혀 어려운 일도 아니라는 것이 토목공학 전문가 자문의 내용입니다. 다만 눈앞의 공사비를 인간의 눈으로 책정하여 억겁을 쌓아온, 인간의 눈으로 재단할 수 없는 가치보다 우선시하는 일이 없기를 간절히 소망할 따름입니다. 자연의 값은 인간이 일방적으로 매길 수 없습니다. 연약한 도롱뇽이지만 그들이 발을 딛고 돌아다니는 숲과 계곡은 억겁의 시간이 퇴적되어 만들어진 것입니다. 지구는 하나밖에 없습니다. 거기 인간들만 행복하게 살아나갈 수 있는 방법은 없습니다. 그리고 결국 숲이 사라지면서 인간들도 불행해지기 시작했습니다. 그 목격담이 이 글일 것입니다. 지금 이 숲은 외롭고 숲이 사라지면 결국 인간들도 모두 외롭게 될 것입니다.

'이땅을 지켜야 하는 이유'

건축/승효상 건축가

"LH공사, 야만적이고 반문화적 도시 만들기 즉각 멈춰야"

이번 일이 발생한 원인은 LH공사의 전시대적 도시 만들기의 오래되고 잘못된 관행에 있다. 그들은 서양에서 이미 실패해 폐기되다시피 한 2차원적 도시계획을 늘 답습해왔다. 모든 땅을 평면으로 파악해 산이 있으면 깎고 계곡이 있으면 메우는 반환경적 토목공사를 우선 시해왔으며 그래서 원래 땅이 가지고 있던 미세한 특징이나 아름다움은 새로 쌓은 축대 속에 파묻는 반문화적 행위를 서슴지 않았다. 즉 터가 가지고 있던 고유한 무늬를 늘 지운 까닭에 결국 터무니없는 도시를 만드는 게 그들의 습성이다. 더구나 모든 땅은 항상 주변과 연결돼 있는데도 마치 독립된 섬처럼 이해하는 바람에 밀접한 땅을 무시하거나 적대해 피해를 주곤 한다. 이 경우는 막대한 피해가 발생하는데도 국책사업이라는 명분으로 강행하는 것이다. 이는 야만적이다. 지금은 생태와 환경의 시대이며 생명 존중의 가치가 어느 때보다 중요한데도 LH는 수십 년간 그대로인 것이다. LH는 이 모든 책임을 지고 원래 땅의 가치를 회복시켜야 하며, 다시는 이런 반환경적이고 정의롭지 못한 일이 발생하지 않도록 관계 기관이 조처를 취해줄 것을 요청한다.

2020년 8월 월간조선 : 승효상 전 국가건축정책위원회 위원장 의견

의견과 문서들

경암교육문화재단 수목원부지 수용에 대한
전문가 의견서

사송신도시 택지개발지구에 수용 예정인 경암교육문화재단 수목원부지에 대한 지질학적, 환경학적 조사 결과를 기초로 부지보존을 위한 전문가 의견을 다음과 같이 제출합니다.

◉ 지질학적 측면
- 동면 지질 : 양산 단층선을 경계로 하여 서부는 경상계, 동부는 신라통 울산층으로 구성.
- 암석은 중생대 말 백악기의 화산암, 화강암으로 구성.
  암석의 연령 9천3백만년 ~ 7천4백만년 전으로 추정
- 화산활동으로 형성된 물금 원동 칼데라의 일부로 칼데라의 깊이 : 1,930m
- 칼데라의 하부로 양질이 화강암이 산재하여 안정된 지형을 이루고 있으며 주변의 외륜산으로 인하여 우수한 경관을 유지하고 있음.

◉ 환경학적 측면
- 부산의 접경지구인 동면에는 장군봉(750m)·금정산(801m) 등의 자락에 위치
- 남해안에 근접함으로 난대성의 남해안 기후이나 내륙의 산간지구는 한서의 차가 큰 편
- 연평균기온은 13~14℃내외이며, 연강수량 1,264.2㎜이다.
- 식생 : 수목원 내에 소나무, 향나무, 백일홍, 편백나무, 느티나무, 무궁화 등 100여종 이상 고가의 수목을 심어서 전문가를 통하여 잘 관리해 오고 있으며, 이러한 경관은 드물게 본다.

◉ 전문가 의견
- 수목원부지와 주변 환경을 조사한 결과 지질학적으로 매우 안정적 지형을 구성하여 있으며 산재한 화강암, 안산암 등의 암석은 향후 경암교육문화재단의 핵심사업인 뮤지엄(공원화) 계획을 위하여 보존될 가치가 충분하다고 판단됩니다.
  또한 40여년간 재단에서 전문 인력과 막대한 비용을 들여 고가의 수목을 심고 가꾸며 수목원의 공원화를 위해 준비해 온 점 등을 고려하면 수목원부지의 택지개발지구 수용은 재고되어야 할 것으로 판단됩니다.

2020년 3월 30일
부산대학교 명예교수 (전 대한지구과학교육학회장)
김 상 달

대구한의대학교 명예교수 (전 한국환경학회장)
문 영 수

전문가 검토 의견서
2022년 3월 1일 부산대학교 주기재

2021년 4월 말부터 8월 까지 사송 택지조성지의 고리도롱뇽 구조활동, DNA를 이용한 종 동정, 그리고 대체서식처 조성에 관한 연구활동의 책임자로 역할을 해 줄 것을 LH로부터 부탁받았습니다. 29년간 하천 생태 연구자로서 부산대학교에서 생태학을 가르치고 있으며 1996 금정산 생태에 관한 연구책임자를 맡은 적이 있습니다. 84만평의 택지조성이 멸종위기종 (고리도롱뇽과 꼬리치레도롱뇽)에 미치는 영향과 경암 부지내의 도로건설이 멸종위기종들의 서식에 미치는 영향을 다음과 같이 검토하여 의견을 제시 합니다.

다음

1. 택지조성으로 인한 멸종위기종(고리도롱뇽)의 단지내 서식처 상실: 완전한 상실

약 84만평의 사송택지 조성지에서 공사로 인해 많은 고리도롱뇽의 서식처가 단지내에서 항구적으로 상실되었습니다. 택지조성으로 기존의 단지내 하천과 수로는 콘크리트 수로로 변형되고 원래 있었던 둠벙, 저수지는 사라져 사막화된 환경에서 아파트 단지가 조성되고 있습니다. 단지 경계의 외곽은 콘크리트 수로로 배수구가 설치되어 있어 한번 산란을 위해 하천 혹은 물을 찾아 이동하다가 빠질 경우 모두 죽을 수 밖에 없는 구조로 되어 있습니다. 특히 금정산과 인접한 1공구 (반대편 2공구)에는 수계가 4개가 완전히 훼손되어 그 서식처 상실의 정도가 가장 심합니다.

2. 84만평 택지조성으로 인한 인접서식처 영향 : 1공구가 매우 심각

고리도롱뇽이 가장 많이 서식했던 수계는 1공구의 4개하천 (수9와 수 7)과 인접한 경암재단 소유토지의 하천 1개로 총 5개입니다. 1공구와 인접한 금정산은 2공구 보다는 자연성이 현저히 높아 국립공원 지정이 지난 3년간 심도있게 검토되고 있습니다. 1공구는 이번 공사로 산을 절개하면서 지하수의 이동이 변화하고 인접한 수계 (경암수계)의 하천 지표수조차 줄어들고 있습니다. 단지조성의 영향이 서식처가 우수했던 1공구의 인접산림 및 수계 생태계에 직접 영향을 미치고 있으며 멸종위기종 개체군들의 수가 2020년에 비해 약 10 % 정도로 줄어들고 있습니다

3. 경암 소유 토지내의 하천의 건강성 상실: 무분별한 공사장의 지하수 이용으로 하천건강성 상실과 인접 서식환경변화

토목분야의 전문가 (관동대 박창근교수)와 현장을 확인한 결과 1공구와 인접한 경암재단소유 토지도 토지 굴착 및 절개로 인해 지하수의 변화가 발생하였으며 현장에서 지하수를 취수하여 사용하면서 하천의 표류수 감소를 초래하였습니다. 금정산의 경암소유 토지의 하천과 인접 서식처는 현재 유일하게 남아 있는 자연하천으로서 도롱뇽의 마지막 서식처이며 이마저 훼손된다면 금정산 동사면의 도롱뇽은 완전히 서식처를 잃을 위기에 있습니다. 도로건설 계획으로 특히 추가 수용 논의가 있는 인접 토지 (산 90 임, 49 전)는 매우 중요한 서식처입니다. 이곳

에는 고리도롱뇽 이외에도 또다른 신종 멸종위기종인 꼬리치레도롱뇽이 서식하고 있어 도로 개설이 매우 부적절한 곳입니다.

4. 택지 조성으로 인한 멸종 위기종 (고리도롱뇽, 꼬리치레 도롱뇽)보존관련 (2021년 4월-)활동 수행 결과의 부도덕한 활용사례 : LH의 1공구 공사재개 허가 획득에 부적절하게 활용

2021년 8월 연구책임자로서 택지조성단지내에 대체서식처를 조성하여 멸종위기종을 보호하는 방안을 13곳 제시하였으며 인접한 경암소유 토지내 하천의 보존을 포함한 사업대상지 인근 서식처 보호의 중요성을 제시하였으나 당시 LH 사송 단장은 받아들이지 않았으며 서식처의 연결성에 대한 이해가 없었습니다. 고리도롱뇽은 산란을 위해 물을 찾고 또 성장후 숲으로 돌아가는 생태특성을 고려하면 수계와 숲이 연결되어야 하며 생태계의 자연성이 높아야 합니다.

2021년 3월과 4월 서식처를 잃은 고리도롱뇽문제가 민간단체 전문가들의 의해 심각하게 제기된 후 주무관청인 낙동강유역청은 LH에게 긴급구조, 종동정, 대체서식처 조성에 대한 연구를 발주하도록 지시하였으며 저에게 총괄해 줄 것을 요청했습니다. 그러나 구조활동과 종동정, 대책 등 결과물에 대한 중간보고회, 최종보고회 없이 약 3달에 걸쳐 진행한 구조활동 보고자료를 기반으로 LH는 관계 기간에 공사 재개를 요청하여 허락을 득하였습니다. 매우 상식을 벗어난 일로 월별 진행공정보고자료를 공사재개에 활용한 부도덕한 사례였습니다. 이는 별첨 자료에 나타난 것 같이 공사재개 후 구조한 도롱뇽만 보아도 알 수 있습니다. 구조완료를 근거로 공사재개 허가나 났기 때문입니다.

본인은 현재 6차례에 걸쳐 LH사장 및 경영진에게 편지형태로 부도덕함을 전달했으나 구체적인 대체 서식처 조성전략제시 없이 열심히 하겠다는 말을 반복하고 있습니다. 특히 LH 사송 책임자는 2021년 8월 공기업 특성상 인접한 하천과 서식처에 관한 어떠한 조치도 업무영역 밖이라 관여 할 수 없음을 분명히 밝혔습니다. 공기업으로서 사회적 책무와 ESG경영에 대한 최소한의 의지도 없음을 본인에게 밝혔습니다. (별첨 책자 참조)

5. 마지막 남은 수계와 인근 서식처 보존 (경암소유 부지 내 하천과 주변): 서식처 연결성 확보와 도로 우회 및 지하화

경암소유의 토지를 중심으로 마지막 남은 서식처를 보존하는 것은 매우 시급한 과제입니다. 이미 인접한 단지조성으로 하천수가 고갈 되고 있어 만약 도로개설 등으로 이마저 훼손될 경우 남아 있는 개체군에 치명적인 결과를 초래 할 수 있다. 특히 도로 개설 예정지는 단지 조성지내의 인접한 녹지축 (과거 고속도로변 도롱뇽의 서식지)과 연결되어 있어 서식처 단절을 초래합니다. 따라서 도로가 추가적으로 필요하다면 현재의 사송택지내에서 지하화 하거나 택지조성 단지와 인접한 곳으로 최대한 접하면서 우회하여 생태계 피해를 최소화하는 것이 바람직 합니다. 이미 이번 택지조성으로 서식처가 소실되어 80-90%이상의 멸종위기종이 서식공간을 잃어 버렸기 때문입니다. 또 도로개설지 인근의 신종 멸종위기종인 꼬리치레도롱뇽은 학술지등재 및 공인 절차에 등재되기도 전에 서식처를 잃어 버릴 수 있어 이번 도로 계획은 수정되어야 합니다.

5. 멸종위기종 보존에 대한 양산시의 적극적인 자세요구와 법과 제도에 호소

사송의 고리도롱뇽에 관한 언론 보도 (신문, 방송, 다큐멘터리 등)가 지난 3년간 198개 였을 정도로 심각했으나 해당지역의 자연환경관리책임이 있는 양산시는 적절한 대응이 없었다. 이 문제의 본질은 멸종위기종 지정제도란 법적인 보호를 받기 위해 지정되어 관리되고 있음에도 관계기관(양산시, 낙동강유역청, LH)의 단편적인 접근으로 금정산내의 개체군 소멸위기로 몰았습니다. 멸종위기종의 보호는 국가의 책무입무입니다. 생물다양성을 유지하고 기후변화에 대처하는 초기 단계의 기본적인 책무가 성실히 이행될 수 있도록 서식처 보존을 "법과 제도"에 호소합니다.

부산대학교 담수생태학연구실
생태학 담당교수
주기재

첨부자료 1

2021년 고리도롱뇽 구조활동과 공사중지기간(부적절한 공사재개)

첨부자료 2

2021년 LH에 제출된
단지내 대체서식처 조성 후보지

첨부자료 3

사송택지 조성단지내
금정산방향(1공구)의 4개 하천의
변형(서식불가)과 경암토지내 하천

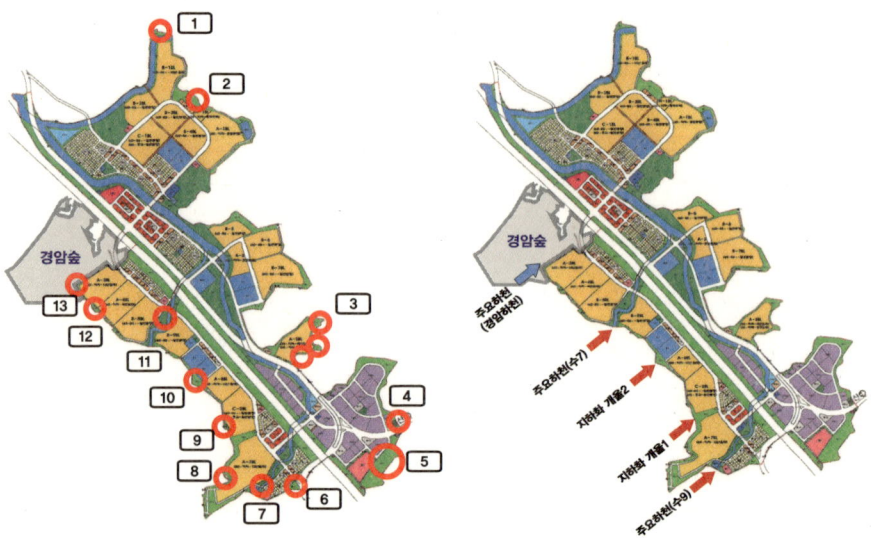

첨부자료 4
경암토지내 수계와 도로개설(안) 위치

첨부자료 5
도로개설 예정지내 및 인접지의 고리도롱뇽 분포와 수계, 2021년 구조활동 후 방생지점

의견서

작성자 : 김합수 ○○○○○○
주소 : 부산시 동래구 ○○○○○○○○○
소속 : 경남 양서류 네트워크, 한국 습지학회. 우리나라 양서 파충류

양산 사송 지역의 경암 재단 소유지 일부(하단부)에 관한 생태적 특성은 상부와의 연결성이 유지되는 매우 중요한 위치에 있으며, 작은 한 부분이 훼손되었을 경우 전체에 미치는 영향을 고려하여야 합니다.

1. 금정산과 접하는 사송 택지조성지에 자연성을 유지하고 수계는 경암 소유 토지로 보존되어야 합니다. 이미 4~5개의 하천은 "콘크리트 하천"으로 변형되어 멸종위기종이 산란을 위해 내려오면 사멸하는 구조입니다.
2. 도로 개설지 안에 현재 멸종위기종이 다수 분포하여 만약 도로 개설이 진행되면 마지막 남은 서식처의 한 축이 항구적으로 소멸할 수 있습니다.
3. 도로 개설이 되면 기존 서식처와 고속도로 인근의 멸종위기종 서식처, 그리고 사송택지 내 녹지대와 단절이 되어 서식처의 연결성이 단절되어 생태적 건강성이 현저히 줄어들 수 있습니다.
4. 도로 개설로 야기되는 문제 이외에도 사송에서 멸종위기종의 서식처 조성에 LH는 매우 미온적으로 대응하고 있습니다. 이에 대한 언론 보도가 지난 3년간 200개 이상이 되었는데도 대상지가 포함되어 있어 양산시의 관계 부서는 멸종위기종의 중요성을 간과하고 있습니다. 서식처 상실로 고리도롱뇽이 만약 1/10 정도로 이미 서식처를 잃은 상태에서 추가적인 도로 개설로 마지막 남은 서식처까지 훼손될 경우 양산시는 전국적으로 망신을 당할 것이며, 국립공원급의 금정산에 대한 보존 의지 상실로 "교과서급 재앙 사례"로 오래 남을 것임으로 재고를 부탁드립니다

2022년 3월 31일
김 합 수 (인)

양산 사송 대책위원회 기자회견

"낙동강유역청은 공사재개 명령 철회하고
도롱뇽 구조에 진정성 있게 나서라"

(2021.07.23.)

　　낙동강유역환경청과 LH는 양산 사송지구 공사현장의 공사재개 명령을 당장 철회하고 멸종위기종 고리도롱뇽 구조와 서식처 마련을 명한 공사중지를 당장 실행에 옮겨야 한다. 낙동강유역환경청은 지난 6월 중순에 공사중지 된 양산 사송지구 현장에 대하여 공사재개를 승인하였다. LH는 공사재개의 근거자료로 2021년 4월 23일~5월 30일까지 구조활동결과 유생 4,555개체, 성체 61개체, 알 650개체를 포획, 방사한 결과를 제시하였다. (공사중지요청: 환경평가과-3115, 공사재개요청: 공공택지개발과-1333) 그러나, 공사재개 요청의 근거자료로 사용된 서류는 조사팀 구조활동의 일부만을 담은 것으로, 구조활동에 참여한 인원 누구도 구조가 완료되었다고 인정한 바 없다.

　　이는 근거서류 작성 이후부터 봉사로 진행한 2021년 5월 31일~7월 2일까지 구조활동에서 유생 1277마리, 성체 39마리의 총 1316개체를 구조한 데에서도 명확히 드러난다. 이 기간에 구조한 개체는 4월 23일~5월 30일 기간 동안 구조한 총개체(5597)의 23.5%나 되었다. 공사가 재개된 열악한 상황에서의 구조활동임을 감안했을 때 재개요청 근거가 된 기간의 멸종위기종 구조가 완료되지 않았음을 명확히 하는 자료이다. 이러한 상황이므로 현재까지도 사송지구 공사지역이 멸종위기종 서식환경이 안정되었다고 판단할 수 없다.

　　2021년 6월 5일에는 2공구에서 고리도롱뇽 집단 고립 현장이 발견되었다. 또한, 쓰레기 더미 아래에서 햇볕을 피하고 있는 등 위험에 처한 개체군이 계속 발견되는 상황이었다. 당연히 1공구 공사재개가 아니라 2공구까지 공사중지와 함께 지속적인 구조활동이 이루어져야 할 상황이었다. 그럼에도 불구하고 구조활동에 참여한 참여자는 아무도 모르게 마치 구조활동이 끝난 것처럼 서류를 작성하여 공사재개를 요청한 LH공사는 규탄받아 마땅하다. 2021년 6월 11일에는 국립생태원 직원이 현장을 방문하였다. 당시 용역 자료 취합담당자가 취합된 자료 일부를 상황 파악을 위한 참고자료로 제공하였다. 국립생태원 직원, 낙동강유역환경청 담당자가 동석한 자리에서, 차후 대면 보고를 한 후 다음 단계로 진행하기로 구두 협의를 하였다. 그러나 이때 보고된 자료를 LH에서 구조활동 완료 보고서에 근거자료로 첨부하였다. 완료되지도 않은 자료를 공식 자료로 제출한 것은 참여자 전체에 대한 기만이며 공문서를 허위로 기재한 사기 행위에 해당한다. 구조활동뿐만 아니라 공사재개 요청공문이 낙동강 청으로 발송된 시점에는(6월 10일) 고리도룡뇽 서식지 보전을 위한 정밀조사가 완료되지 않은 상황이었다. 구조활동과 서식지 보전을 위한 현황조사는 별개의 과제다. 이번 용역에 참여한 용역수행자들은 두 과제가 마치 동일한 것처럼 작성된 공사재개요청 첨부 자료를 결코 인정할 수 없다. 멸종위기종 정밀조사는 조사계획 수립일로부터 30일간 진행하게 되어있다는데, 조사계획을 명시하여 과업수행계획서를 제출한 날짜는 6월 24일이다. 어처구니없게도 공사재개요청서가 제출된 시점은 조사계획을 공식적으로 제출한 6월 24일보다 무려 14일이나 빠르다. 다시 말해 이전에 제출된 공사재개 요청서는 조사가 완료되지 않은 상태에서 제출된 것이다. 따라서 분포범위, 개체군파악, 분포도가 나오지 않은 상황에서 낙동강청이 제시한 공사재개의 요건인 고리도룡뇽의 서식환경이 안정되었다고 판단할 수 있는 근거는 LH가 제출한 공문상 어디에도 없다.

  낙동강청은 당초 공사중지 기한을 (고리)도룡뇽 구조활동, 서식지 보전 등 멸종위기종 서식환경이 안정될 때까지라고 명시하였다. 이점이 공사재개 여부를 판가름하는 핵심 기준임에도 불구하고, 해당 내용에 대해 아무런 근거자료가 없는 상황에서 공사재개를 수락하였다. 이 사실은 낙동강청과 LH가 처음부터 멸종위기종 구조와 대체서식지 마련에 대한 의지가 없었다고 봄이 타당하다. 따라서, 별도의 공사재개 근거자료가 있다면 제시해야 할 것이다. 그렇지 않다면 이는 명백히 직무유기에 해당한다. 지금이라도 늦지 않았다. 낙동강청은 공사 재개수락을 즉시 철회해야 할 것이다.

한편 공사재개 요청에 사용된 구조 진행의 중간자료 또한 용역의 자료취합책임자와 협의하지 않고 LH가 무단으로 사용한 것임을 명확히 밝힌다. 이에 구조활동에 적극적으로 참여한 사송 대책위로서는 깊은 유감을 표한다. 상호 신뢰가 완전히 무너

사송지구환경영향
평가문제 대책위 | 055-904-7544 |

수 신   각 언론사, LH감사실
발 신   양산 사송지구 환경영향평가 문제 대책위원회 (담당: 정세화 김해양산환경운동연합 사무국장
         010-6273-1803, gimyang@kfem.or.kr)
제 목   [기자회견문]양산사송시구 환경영향평가 거짓부실위원회와 태스크포스의 조속한 구성요구
날 짜   2021.3.30

기 자 회 견 문

LH는 양산 사송 신도시 개발 엉터리 환경영향평가에 대하여 책임지고 대책을 세우라!

○ 사송지구 환경영향평가 대책위는 양산 사송 공동주택 지구 밖 사업(중로 1-2호선 외 2개 도로 개설공사)에 따른 소규모 환경영향평가(주)한맥기술)에 대한 동일 지역에 대한 식생조사를 부산대학교 홍석한 교수팀이 실시한 결과 LH의 환경영향평가가 엉터리였음이 확인되어 지난 11월 낙동강유역청에서 기자회견을 하고 청장과 면담을 하였다.

○ 결과는 다음과 같다.

-거짓 부실 위원회 공식적으로 구성 요청

- 본부에서 현장조사 시 시민단체 합류 요구 요청

-다방천 등 공사로 인하 하천 파괴 지역 현장조사 요구

-자료 공개 등 환경영향평가제도 개선하는 테스크포스 구성 요구

-lh 공사 중단 요구

○ 이후 공동 현장조사나 저감대책은 없이 지금까지 공사에만 혈안이 되어있다.

○ 현재 환경영향평가는 부실과 거짓으로 점철된 것이 수도 없이 많다. 이전의 11.19 기자회견에서 언급됐듯이 환경부가 제출한 양산 사송 지구 환경영향평가 현장조사 야장과 사진, 영수증 증빙서류를 비교한 결과 거짓 작성으로 추정됐고 조사 내용이 거짓 작성 되었다. .

이는 환경영향평가 법 제23조 거짓·부실 작성 판단 기준 다항목과 가의 1항목에 해당되는 거짓 작성된 것에도 불구하고 환경부는 제대로 검증도 하지 않은 채 조건부 동의로 사업을 통과시켰다.

이 밖에도 환경영향평가서가 거짓 부실로 작성된 사례는 설악산 케이블카 사업, 삼척

김해양산환경운동연합 "LH는 엉터리 환경영향평가에 대하여 책임지고 대책을 세워라"
기자회견 (2021.03.30.)

진 상황에서 LH와 낙동강청의 합당한 입장이 나올 때까지 고리도롱뇽 포획 방사 및 정밀조사, 대책수립에 참여한 용역책임자와 구조단, 조사자 등은 일체의 용역 진행을 중단함을 알린다. 좀 더 명확히 하자면 본 용역은 공식적으로 시작도 하지 않았음을 알린다. 재차 확인할 일은 국내 최대의 고리도롱뇽 서식지 파괴가 유역청과 LH의 엉터리 사후영향평가(2011~2019) 속에 자리매김했고, 두 기관은 추후 이루어진 민관 합동 정밀조사결과(2020)를 수용하지 않았다. 이런 상황에도 불구하고 환경단체의 지속적 문제 제기와 DNA 조사 결과(2021)에 따라 사송 지역 도롱뇽이 고리도롱뇽으로 규명되면서 보전과 구조의 기회가 새롭게 주어졌지만, 두 기관은 매번 비협조적 태도와 상식을 뛰어넘는 기만과 방해로 일관했다는 것이다. LH와 낙동강유역환경청은 더 이상의 기만과 농락을 중단하라. 어쩌면 이 경고가 마지막일 수 있음을 낙동강청과 LH는 직시해야 할 것이며, 때에 따라서는 전면적 저항을 불러올 것이며 이 갈등은 증폭되어 걷잡을 수 없는 지경에 이를 수 있다는 것을 분명히 하며, 결과적으로 이 모든 책임은 전적으로 두 기관의 불성실한 태도와 기만에 기초한다는 것을 천명한다.

사송지구 환경영향평가 대책위는 양산 사송 공동주택 지구 밖 사업(중로 1-2호선 외 2개 도로 개설공사)에 따른 소규모 환경영향평가(주)한맥기술)에 대한 동일 지역에 대한 식생조사를 부산대학교 홍석한 교수팀이 실시한 결과 LH의 환경영향평가가 엉터리였음이 확인되어 지난 11월 낙동강유역청에서 기자회견을 하고 낙동강유역청장과 면담을 하였으며, 결과 내용은 다음과 같습니다. 첫째, 거짓 부실 환경영향평가에 대한 대책 위원회 구성을 공식 요청하였으며, 둘째, 한국토지주택공사 본부에서 현장조사 시 시민환경단체의 공식 합류 요구를 요청하였으며, 셋째, 다방천 등 공사로 인하 하천 파괴 지역의 전면 현장조사를 요구하였으며, 기존 자료 공개 등 환경영향평가제도 개선하는 테스크포스 구성 요구하였습니다. 이후 공동 현장조사나 저감대책은 없이 지금까지 공사에만 혈안이 되어있고, 현재 환경영향평가는 부실과 거짓으로 점철된 것이 수도 없이 많다. 이전의 11.19 기자회견에서 언급됐듯이 환경부가 제출한 양산 사송 지구 환경영향평가 현장조사 야장과 사진, 영수증 증빙 서류를 비교한 결과 거짓 작성으로 추정됐고 조사 내용이 거짓 작성되었다. 이는 환경영향평가 법 제23조 거짓·부실 작성 판단 기준 다항목과 가의 1항목에 해당되는 거짓 작성된 것에도 불구하고 환경부는 제대로 검증도 하지 않은 채 조건부 동의로 사업을 통과시켰다. 이 밖에도 환경영향평가서가 거짓 부실로 작성된 사례는 설악산 케이블카 사업, 삼척 화력발전소, 제주 비자림로 사업, 제주 제2공항 조성사업 등 사회적 논란이 되는 대형 사업은 모두 거짓 부실 의심을 받아 왔다. 부산 대저 대교 조성 사업은 최근 경찰조사를 거친 후 거짓작성으로 확인되는 등 최근 거짓 부실 사례가 확인되고 있으나 환경부의 자체 역량으로 적발한 것이 아닌 외부의 문제 제기로 확인되는 사례가 대부분이다. 환경영향평가서 검증을 담당하는 환경부가 제 역할을 하지 못하고 거짓 부실 평가서가 통과되는 근본적인 문제를 짚어볼 필요가 있다. 최근 3년간 환경영향평가가 약 2만 건이나 평가서를 위한 조사 기술인력 226여 명밖에 안 되었다. 2019년 접수된 환경영향평가 등의 사업 건수만 전략환경영향평가 1,075건, 소규모 환경영향평가 3,518건, 환경영향평가 499건, 사후환경영향조사 1,584건 등 총 6,676건이다. 보통 환경영향평가 업체 1종 업체(304개 업체) 수의를 받아 2종 업체(57개 업체)에서 대행을 하는 구조이다. 이중 환경 영향을 조사하는 업체(2종)에서 일하는 생태계 조사 9개 분야 전문 인력은 총 226명으로 분류군별 전문가 수는 평균 25명에 불과하다. 업체에서 환경 영향조사와 정리, 평가서 작성 등을 위한 시간을 최소 10일로 책정한다면 이를 바탕으로 모든 전문가가 매년 2,600일 이상 일을 했어야 한다. 이런 상황에서 평가서가 작성되는 모순된 현실 구조에도 불구하고 거의 모든 평가서가 적정한 것으로 통과되고 있는 것이다. 정의당 강은미 의원은 "환경부 현재의 환경영향평가 검증 시스템으로는 문제를 바로 잡을 수 없는 구조"라며 "시급하게 전면 개정이 필요하다"라고 비판했다. 앞으로 증빙서류 제출 의무화, 개발 주체와 평가서 작성 주체의 종속 관계를 독립 관계로 개선하는 평가업체 독립 등을 포함하는 환경영향평가 법의 새로운 개정이 필요할 것입니다. 이에 환경영향평가 대책위는 다음과 같이 요구합니다. 첫째, LH는 사송 지역의 멸종 위기종인 고리도롱뇽과 꼬리치레도롱뇽의 보호 대책과 대체서식지의 조성계획을 세우라. 둘째, LH는 다방천등 공사로 인해 하천 파괴 지역을 시민단체와 함께 현장조사에 응하라. 셋째, LH는 자료 공개 등 환경 영향평가제도 개선하는 테스크포스 구성에 적극적으로 참여하라. 넷째, LH는 지금까지의 사송 지역 환경영향평가의 부실을 인정하고 이후 환경영향평가 문제점 개선의 대책을 마련하라. 다섯째, 이후 위의 문제들이 개선되지 않을 경우 공사 중단을 요구할 것을 강력히 요구합니다.

김해양산환경운동연합 기자회견

지구의벗 Korea Federation for Environmental Movements
김해양산환경운동연합

공동대표: 강성칠·윤남식·윤영주 | 사무국: 정세화 정진영 사공혜선
양산시 중산3길 4-1

수 신	사송지역대책위 각단체 및 환경관련 시민단체 ,각 정당
발 신	김해양산환경운동연합 (담당: 정세화 사무국장 010-6273-1803 gimyang@kfem.or.kr)
제 목	멸종위기종 폐사 방치하는 낙동강유역환경청은 각성하고 LH 사송지구 공공주택단지 공사 즉각 중지명령하라.
날 짜	2021.04.26.(월)

긴 급 성 명 서

○ 양산사송지역 LH 공공주택개발사업 공사현장 멸종위기종 폐사 방치하는 낙동강유역환경청은 각성하고 LH 사송지구 공공주택단지 공사 즉각 중지명령하라.

우리는 낙동강유역환경청에 대하여 더 이상의 기대는 접었다.

지난 4월23일, 24일, 25일 3일간 양산사송지역 LH 공공주택개발사업 공사현장의 멸종위기종 고리도룡뇽 (고리도룡뇽은 우리나라에만 서식하는 한국고유종으로 멸종위기종 2급으로 지정된 도롱뇽, 제주도롱뇽에 비해 몸집이 작다. 경남 고리에서 처음 발견되었고, 그 지역 일대 산림지대의 계곡, 습지, 고목 등에서 관찰된다. 주로 밤에 활동하며 개미, 딱정벌레 등의 곤충류와 지렁이와 같은 빈모류, 거미류 등을 잡아 먹는다. 번식기는 2~4월로 암컷 한 마리가 알 주머니를 1쌍(1쌍에 30~110개의 알), 2개를 산란한다.) 의 분포 확인을 위하여 현장조사를 실시하였다.

환경영향평가법과 제도의 취지를 생각한다면 개발사업 공사현장에서 멸종위기종이 발견되어서는 안된다. 존재가 확인되면 환경부는 바로 이주 등의 보호조치를 해야한다.

그런데 경상남도 양산 사송지역 LH가 시행하는 공공주택개발사업 공사현장은 포크레인과 25톤 대형 덤프트럭이 쉬지 않고 오고가는 곳으로 생명이 살고 있을 것이라는 기대를 하기조차 어려울 정도로 살벌한 상황이다. 그런데 택지에 떨어진 빗물을 배출하기 위하여 설치한 우수관과 집수조, 공사현장의 토사유출을 막기 위하여 설치해 둔 배수로 등 공사장 내부에서 성체, 알집, 유생 가리지 않고 발견되었다. 2월부터 4월까지 산란기를 맞은 고리도룡뇽은 계곡을 따라 내려왔지만 과거의 산란장이 모두 사라지고 공사판으로 변해버린 곳에서 어쩔 수 없이 빗물이 고여있는 곳에서 산란을 해버린 것이다.

그런데도 낙동강유역환경청은 "이행조치공문을 보냈다" "바쁘다" 등등의 핑계로 일관하며 2달 가까이 멸종위기종을 그대로 공사장에 방치해 두었다. 우리는 벌써 3월6일에 현장에서 고리도룡뇽 폐사체를 확인하고 정밀조사와 개체구조를 요구하였다. 그러나 낙동강유역청이 지금까지 방치하고 있어 우리가 직접 실태조사와 응급구조활동에 나선 것이

지구와 함께 시민과 함께, 환경운동연합 회원이 되어주세요.

긴급성명서 김해양산환경운동연합 "주택단지 공사 즉각 중지 명령하라"
시민단체 및 각 정당 배포 (2021.04.26.)

김해양산환경운동연합은 2021년 4월 26일 긴급성명서를 통해서 "멸종위기종 폐사 방치하는 낙동강유역청은 각성하고 LH 사송지구 공공주택단지 공사를 즉각 중지명령하라"고 발표하였습니다. 김해양산환경운동연합은 낙동강유역환경청에 대하여 더 이상의 기대는 접었습니다. 2021년 4월 23일, 24일, 25일 3일간 양산사송지역 LH 공공주택개발사업 공사현장의 멸종위기종 고리도룡뇽(고리도룡뇽은 우리나라에만 서식하는 한국고유종으로 멸종위기종 2급으로 지정된 도룡뇽, 제주도룡뇽에 비해 몸집이 작다. 경남 고리에서 처음 발견되었고, 그 지역 일대 산림지대의 계곡, 습지, 고목 등에서 관찰된다. 주로 밤에 활동하며 개미, 딱정벌레 등의 곤충류와 지렁이와 같은 빈모류, 거미류 등을 잡아먹는다. 번식기는 2~4월로 암컷 한 마리가 알 주머니를 1쌍(1쌍에 30~110개의 알), 2개를 산란한다.) 의 분포 확인을 위하여 현장조사를 실시하였다.

환경영향평가법과 제도의 취지를 생각한다면 개발사업 공사현장에서 멸종위기

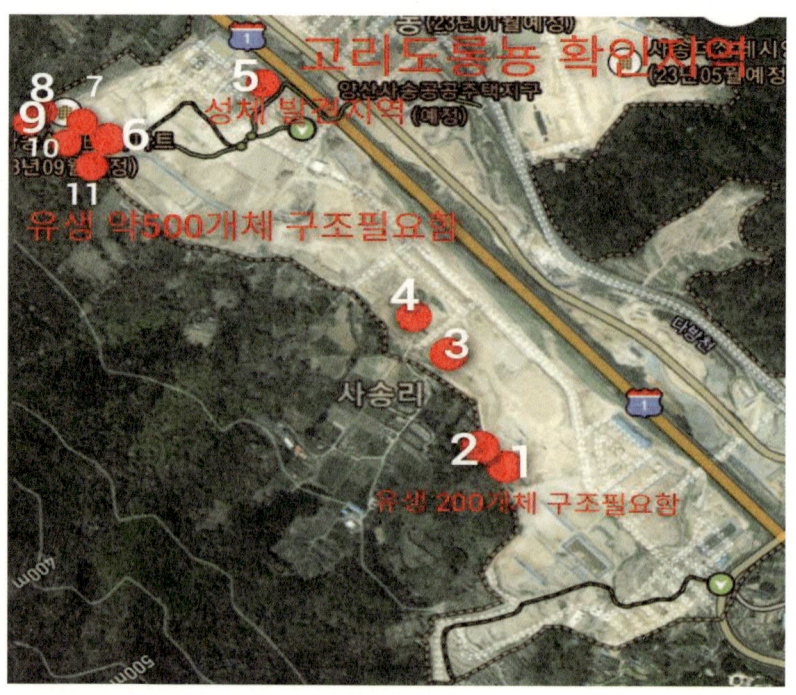

종이 발견되어서는 안 된다. 존재가 확인되면 환경부는 바로 이주 등의 보호조치를 해야 합니다. 그러나 경상남도 양산 사송 지역 LH가 시행하는 공공주택개발사업 공사현장은 포크레인과 25톤 대형 덤프트럭이 쉬지 않고 오고가는 곳으로 생명이 살고 있을 것이라는 기대를 하기조차 어려울 정도로 살벌한 상황이다. 그런데 택지에 떨어진 빗물을 배출하기 위하여 설치한 우수관과 집수조, 공사현장의 토사유출을 막기 위하여 설치해 둔 배수로 등 공사장 내부에서 성체, 알집, 유생 가리지 않고 발견되었다. 2월부터 4월까지 산란기를 맞은 고리도룡뇽은 계곡을 따라 내려왔지만, 과거의 산란장이 모두 사라지고 공사판으로 변해버린 곳에서 어쩔 수 없이 빗물이 고여있는 그곳에서 산란해버린 것입니다.

그런데도 낙동강유역환경청은 "이행조치공문을 보냈다." "바쁘다" 등등의 핑계로 일관하며 2달 가까이 멸종위기종을 그대로 공사장에 내버려 두었다. 우리는 벌써 3월 6일에 현장에서 고리도룡뇽 폐사체를 확인하고 정밀조사와 개체구조를 요구하였다. 그러나 낙동강유역청이 지금까지 방치하고 있어 우리가 직접 실태조사와 응급구조활동에 나선 것입니다. 23일, 24일, 25일 이틀간 조사에서 고리도룡뇽은 공사현장 11곳에서 성체, 유생, 알집 등 1천여개체 이상이 폐사 위험에 직면하고 있었다. 현장은 말로 표현하기 어려울 정도로 처참하였습니다. 고리도룡의 산란과 부화가 진행되고 있는 웅덩이의 물이 빠지면서 알집이 말라가고 유생은 고립된 체 수백 개체의 개구리 올챙이와 뒤섞여 살기 위한 몸부림을 하고 있었다(9번지역). 뿐만아니라 지난 4월 23일에는 공사장 내 배수로의 물을 강제배수하면서 배수로에 있던 알집, 유생 등이 고립된 채 말라 죽어가고 있다(6~7번 지역). 또한 4월 25일에는 유생 수십 개체가 확인된 배수로 웅덩이를 준설을 해 서식지를 파괴했고 유생이 서식하는 배수로를 주변 공사현장에서 굴러떨어진 바윗돌이 유생 서식지를 덮치고 있었다. 이 두 곳은 지난 4월 20일 LH와 함께 공동조사를 통하여 유생 서식을 확인했던 곳이다. 우리는 이와 같은 상황을 우려하여 지난 3월 30일 기자회견 4월 20일 낙동강 유역 환경처(공문) 공문과 LH와의 간담회에서 배수로를 포함한 모든 공사장 내 물길을 보전 조치하고 고리도룡뇽 발견지점 주변으로는 공사중지를 요구하였다. 하지만 낙동강유역환경청은 고리도룡뇽을 구하기 위한 아무런 조처를 하지 않고 있는 사이에 멸종위기종 고리도롱뇽이 폐사하고 있는 것이다.

　따라서 LH 양산 사송지구 공공주택단지 개발사업 공사현장에서 벌어진 멸종위기종 폐사와 서식지 파괴는 전적으로 낙동강유역환경청의 관리부실로 발생된 인재로 이에 대한 책임을 낙동강유역환경청장이 져야 합니다. 따라서 환경운동연합은 첫째, 낙동강유역환경청은 죽어가고 있는 멸종위기종 고리도롱뇽 긴급구조에 직접 나서라. 둘째, 낙동강유역환경청은 고리도롱뇽 분포현황 조사와 서식지 보호를 마련 정밀조사가 빠른시일내 추진하라. 셋째, 고리도롱뇽 서식지 보호를 위하여 계곡부와 이어지는 배수로를 포함한 공사장 내 모든 물길을 고리도롱뇽 구조활동과 서식지 보호대책이 마련되기까지 보호를 위한 대책을 마련하라. 넷째, 공사로 인하여 파괴된 도롱뇽 서식지 계곡부와 하천을 생태적으로 복원하기 위하여 일시 공사중단과 대책마련을 민관협의를 구성하라. 다섯째, 낙동강유역환경청은 멸종위기종 고리도롱뇽을 폐사에 이르게 한 LH를 고발하라. 여섯째, 낙동강유역환경청은 양산사송지구 공공주택지구 조성공사를 중지명령하라. 일곱째, 낙동강유역환경청장은 멸종위기종 관리부실책임지고 사과하라.

국회의원 강은미 보도자료

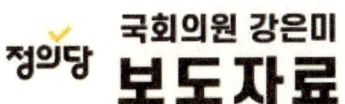

| 담당자 | 임미애 비서 | 배포일자 | 2021.03.11 |

본 보도자료에 대한 문의는 Tel. 02-784-4162~4 혹은 em7086@gmail.com 으로 해주시기 바랍니다.

거짓으로 작성해도 무사통과하는 환경부
환경영향평가제도, 시급히 바꿔야

- 대표적사례 양산 사송지구 환경영향평가서 작성기록과 근거자료 불일치에도 통과
- 양산 사송지구 내 신종추정 도룡뇽 10년 넘게 조사하면서 단 한번도 확인 안돼
- 최근 3년간 환경영향평가등 연평균 약 6천 건, 턱없는 기술인력과 측정대행업체로는 제대로된 평가서 작성 원천적으로 불가능
- 국책사업포함 사회적 갈등이 야기되는 개발사업에 환경영향평가 거짓·부실문제 빠지지 않아
- 강은미의원, "환경부 환경영향평가제도 근본부터 바꿔나가야"

정의당 강은미의원(국회 환경노동위원회 소속)은 환경부가 제출한 자료를 분석한 결과 "만연한 환경영향평가서의 거짓·부실작성과 환경부의 엉터리 평가서 검증 시스템의 문제에 대해서 시급히 개선해야 한다"고 말했다.

대표적으로 부산 양산 사송지구 환경영향평가서를 분석한 결과 환경영향평가서를 작성한 기록과 환경부가 제출한 근거자료가 불일치하는 것으로 나타났다. 환경영향평가서에 작성된 기록자료와 원본야장의 자료를 조사 증빙서류와 대조한 결과 조사인원, 조사시간, 식생과 생물종 조사 등에서 서로 다른 부분이 여러 곳에서 확인됐다. [붙임 1] 참고

- 1 -

정의당 강은미 국회의원 "거짓으로 작성해도 무사 통과하는 환경영향평가 시급히 바꿔야!"
기자회견 보도자료 (2021.03.11.)

지난해 2020년 양산 사송지구의 환경 훼손 문제가 대두된 이후 지역단체의 현장조사 과정에서 처음으로 신종 추정 도롱뇽이 확인되었는데, 지난 10년간 LH공사가 제출한 환경영향평가서 등에는 전혀 기록되지 않아 LH공사의 영향평가서 거짓부실 작성과 환경부의 엉터리 검증 문제가 한꺼번에 드러났습니다.

환경부가 제출한 양산 사송지구 환경영향평가 현장조사 야시장 사진, 영수증 증빙 서류를 비교한 결과 거짓 작성으로 추정되었습니다.

첫째는 조사 인원이 출장신청서는 4인으로 작성 및 결재되었으나 숙박, 식사, 음료 구매 영수증 기록 모두 실제는 2인이 사용한 금액으로 추정되고 현장조사 사진을 근거로 했을 때 두 명이 동일 동선을 함께 이동하면서 사진을 찍은 것으로 보이며 사진 기록상 환경영향평가를 위한 조사를 진행했다고 볼 수 없음이 확인되었습니다.

둘째는 조사내용의 거짓 작업입니다. 전무가 의견을 받은 결과 사진을 찍은 사람은 제대로 된 조사를 하지 않고 야시장은 허위로 작성한 것으로 드러났습니다. 사진을 찍은 일 년의 순서와 조사항목별 조사 기간이 다르게 확인되었습니다. 해당 위치에 사진을 찍은 시간과 평가서 야장에 기록된 조사시간이 다르고, 어류의 경우 양장에 기록한 대로 어류를 조사할 시간이 물리적으로 불가능하고, 곤충류와 야생조류, 포유류 조사는 없었던 것으로 판단되며, 양장에 적힌 배설물, 사진을 찍는 것이 기본이나 전혀 기록이 없습니다. 또한, 식생 조사에 관해서는 조사 기간이 나오질 않고 있으며, 식물상 조사에 대해서는 사진 촬영 순서와 야시장 기록 순서가 전혀 다르며, 사진은 해당 종을 확대하여 찍어야 야시장 기록에 없는 종이 대부분이며 동일인이 조사한 식생 조사표요 있는 종들이 식물상 조사표에는 없습니다. 이는 환경영향평가법 제23조 거짓·부실 작성 판단 기준 다항목과 가의 1항목에 해당하는 거짓 작성된 것에도 불구하고 환경부는 제대로 검증도 하지 않은 채 조건부 동의로 사업을 통과시켰습니다.

이 밖에도 환경영향평가서가 거짓·부실로 작성된 사례 등은 는 다수가 있습니다. 따라서 거짓으로 작성해도 무사 통과되는 환경부 환경 영향평가제도는 시급히 바꿔야 할 제도입니다.

부록1

목차

I. 검색조건

II. 주요결과
   1) 매체별 게시물 수
   2) 기사 및 방송
   3) 유튜브 및 블로그
   4) 언론보도 발표

2022.03.31.

부산대학교 환경에너지연구소
조현빈 연구교수, 김강희 연구원

사송지역 고리도롱뇽 관련 매체 자료 요약

I. 검색조건
① 검색 키워드 : "사송 고리도롱뇽"
② 사송 지역 고리도롱뇽 문제가 제기된 후로부터 2022년 3월 31일까지 보도 및 게시글 내용 정리
③ 기사 및 방송은 보도일시, 제목, 언론매체, 기자, 핵심주제 구분
④ 유튜브 및 블로그는 게시물 수와 핵심주제 정리

II. 주요결과
1) 매체 별 게시물 수

매체	보도 및 게시물 수
기사	170
방송	28
유튜브	14
블로그	112
계	324

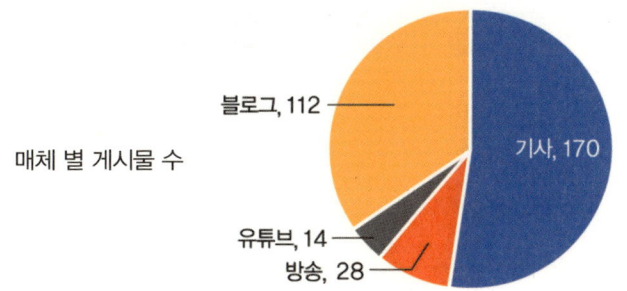

매체 별 게시물 수

2) 기사 및 방송

❶ 기사(총 170건)

언론사명	보도 수
경남도민일보	25
부산일보	14
경남매일	12
연합뉴스	9
오마이뉴스	8
경남신문	7
경남일보	7
경남도민신문	5
국제신문	5
국제뉴스	4
경향신문	2
기타	71
계	170

❷ 방송(총 28건)

언론사명	보도 수
KNN뉴스	20
SBS뉴스	4
MBC경남	3
부산MBC	1
계	28

※기타 주요 보도매체
월간조선(경암토지 강제수용)

※기타 주요 보도매체

핵심주제	보도 수
환경영향평가 위반과 부실	26
고리도롱뇽의 중요성	15
유역청의 공사 중지 요청과 명령	14
환경영향평가 협의 미이행	13
공사 중단	12
아파트 청약 연기	12
임시서식처 조성	11
근로자 공사재개 요청	9
공사 중지 요청 (환경부, 민간단체)	7
감독관청(관계자) 현장방문	7
부적절한 공사 재개	6
태영건설의 친환경 홍보	5
서식처 보호대책 및 복원계획	5
지하수 고갈로 인한 경암하천수 고갈	4
보호종 대책 수립 요청 (물떼새, 도롱뇽)	4
낙동강청 현장조사	4
구조활동	4
환경단체 낙동강청 고발	3

핵심주제	보도 수
도롱뇽 폐사	3
대체서식처 조성	3
국감 (공사 재개 부적절)	3
KBS 다큐 (서식처 소실)	3
2공구 추가 발견	3
서식처 상실	2
사송택지조성 난개발 중단 요청	2
부실한 임시서식처	2
멸종위기종 중요성	2
공사로 인한 서식처 파괴	2
공사 지연	2
공사 재개와 반발	2
하천수 고갈	1
설계 변경 요청	1
양산시 경암하천 보전 미흡	1
보호대책 수립 이행 명령	1
기후변화와 도롱뇽	1
국립공원 지정과 도롱뇽	1
경암토지 수용	1
LH의 약속 미이행	1

3) 블로그 및 유튜브

❶ 블로그(총 112건)
- ▶ 구조
- ▶ 아파트 분양
- ▶ 공사 중단
- ▶ 국정감사
- ▶ 환경영향평가
- ▶ 초등학교 개교
- ▶ 서식처 상실
- ▶ 생태

❷ 유튜브(총 14건)
- ▶ 서식처상실
- ▶ 아파트 청약 연기
- ▶ 토론회
- ▶ 환경영향평가 부실
- ▶ 멸종위기종 발견
- ▶ 떼죽음
- ▶ 서식처 훼손
- ▶ 공사 재개

4) 언론보도 발표

– 기간 별 보도 수

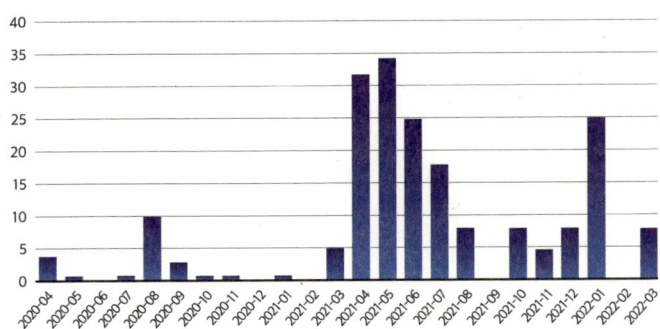

부록2

• 주요 언론보도
• 기사 내용

부산일보
"녹지 줄어든 사송신도시"
(2019.06.20.)

BUSAN.com 부산일보

'녹지' 줄어든 사송신도시

김태권 기자 ktg660@busan.com

입력 : 2019-06-20 21:00:22   수정 : 2019-06-20 21:23:06

양산 사송신도시 전경. 부산일보DB

미니신도시로 조성 중인 경남 양산 사송신도시의 공원·녹지면적이 수차례 지구계획변경을 거치면서 애초 계획보다 17만㎡가량 감소한 것으로 나타났다. 반면 도시계획법의 준주거지역과 유사한 18만㎡의 상업성 부지(자족시설)가 신설되는 등 지나치게 수익성 개선에 치중했다는 비판이 제기되고 있다.

수차례 지구계획변경 거치면서

공원·녹지면적 17만㎡ 감소

상업성 부지는 18만㎡ 신설

20일 양산시와 이용식 시의원의 행정사무 감사 자료에 따르면 276만 6465㎡ 규모의 사송신도시 공원·녹지면적(공원, 녹지, 하천, 유수지, 보행자 전용도로, 공공공지, 광장 포함)은 85만 3658㎡(전체 면적의 30.8%)로 나타났다.

이는 4차례 지구계획변경을 거치면서 최초 개발계획 승인이 난 2007년 102만 3166㎡'(전체 면적의 37%)에 비해 16.6%인 16만 9508㎡'가 감소한 것이다.

대신에 2016년 사송신도시 활성화와 자족 기능 강화를 위해 자족시설 부지가 신설됐다. 자족시설 부지도 애초 16만 5338㎡'에서 18만 2772㎡'로 늘어났다. 자족시설은 주거 기능에 상업적 기능을 보완한 준주거지역이다. 이에 따라 도시형 공장을 비롯해 호텔, 전시장, 업무시설, 상업시설 등이 들어설 수 있다.

사실상 시행사인 한국토지주택공사(LH)가 수익성 개선을 위해 공원·녹지, 열 공급 설비부지를 줄인 뒤 비슷한 규모의 자족시설을 늘린 것이다.

이용식 의원은 "LH가 녹지를 줄여 상업 성격이 강한 부지로 변경해 최소 2200억 원(3.3㎡'당 400만 원) 이상의 수익성을 개선했다"며 "사송신도시 등의 주민에게 돌아가야 할 혜택을 LH가 모두 챙긴 꼴"이라고 비판했다.

양산시도 전체 면적의 6.6%에 달하는 자족시설 부지는 과다하다며 LH에 면적 조정을 요청했다. 김태권 기자 ktg660@

부산일보 인터넷 기사
"사송 신도시 조성, LH 뒤늦게 지구 밖 수목원과 농장 강제편입"
(2020.04.08.)

BUSAN.com

사송신도시 조성 LH, 뒤늦게 지구 밖 수목원과 농장 강제 편입…지주 반발

김태권 기자 ktg660@busan.com

입력 : 2020-04-08 15:39:20

LH가 강제로 수용을 추진 중인 경암재단의 수목원 진입로 전경. 김태권 기자

한국토지주택공사(LH)가 경남 양산 동면에 사송신도시를 조성하면서 뒤늦게 도로 개설을 이유로 사송지구 밖 수목원 임야 등 1만 1000여㎡를 강제 수용키로 해 해당 지주로부터 반발을 사고 있다. LH가 수용하기로 한 부지는 26만여㎡ 부지의 진입로 역할을 하는 데다 지역에서 보기 드문 화강암 등의 단지로 보존 가치도 있는 것으로 확인되면서 훼손 논란도 일고 있다.

LH가 강제로 수용을 추진 중인 경암재단의 수목원 진입로 전경. 김태권 기자

8일 양산시 등에 따르면 LH는 2018년 8월 사송지구 계획 변경(3차)과 지구 밖 사업을 승인받으면서 사송지구 밖에 위치한 동면 사송리 1018의 49일대 1만 5000여㎡를 편입해 경부고속도로 하부를 연결

하는 도로를 개설하기로 했다. LH는 지구 밖 사업 승인을 받기 전 양산시를 통해 편입 부지 지주들에 대한 의견 수렴 절차도 거쳤다. 당시 1만 5000㎡ 부지 중 1만 1317㎡(수목원) 부지를 소유한 경암교육문화재단(이하 경암재단)이 편입에 반대했다.

그러나 LH는 경암재단의 반대에 불구하고, 협의도 제대로 하지 않고 편입을 결정한 뒤 강제 수용 절차를 진행해 반발을 사고 있다. 특히 LH는 2006년에 시행한 사송지구 교통영향평가에서 지구 내 원활한 교통 소통을 위해 지구 밖 도로를 개설하도록 했지만, 10여 년간 미루다 2018년 도로 개설 승인과 함께 편입을 통보해 반발을 더 하고 있다.

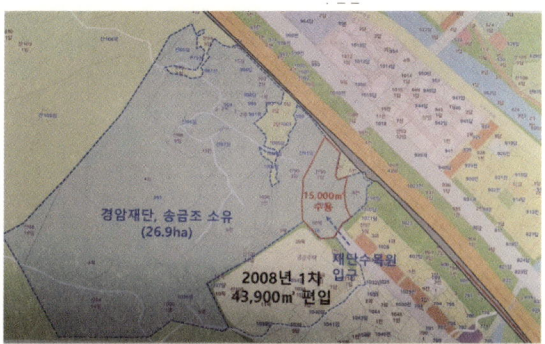

LH가 강제로 수용을 추진 중인 경암재단 수목원 진입로를 표시한 지도. 1만 5000㎡ 중 1만 1317㎡이 경암재단 소유의 부지.

문제는 LH가 수용하기로 한 부지는 경암재단이 소유 중인 26만여㎡ 부지의 진입로로 사용 중인 다 부산 해운대 장산의 명물인 암괴류와 비슷한 화강암·안산암 단지에 수목까지 어우러져 보존 가치도 높아 도로 개설 시 훼손도 불가피한 실정이다.

실제로 경암재단 소유의 부지는 금정산 정상부와 경부고속도로 사이에 있으며, 2008년 사송신도시에 편입된 4만 3900㎡ 부지와 이번에 편입되는 부지가 전체 부지 중 가장 낮은 경부고속도로 쪽에 위치하면서 수목원 진입로로 사용되고 있다.

특히 경암재단은 수목원에 미술관과 청소년과학관 등의 건물 건립을 추진 중이어서 진입로가 사송지구에 편입되면 계획에 차질이 빚어지는 것은 물론 남은 부지에 대한 활용도도 크게 떨어진다며 사송지구 내에 도로 개설을 요구했다.

LH가 강제로 수용을 추진 중인 경암재단의 수목원 진입로 전경. 김태권 기자

경암재단 관계자는 "지구 내 연결 도로가 필요하면 지구 내에서 만들면 되는데 수목원 진입로로 사용 중인 부지를 강제로 수용하는 것은 말도 안 된다"며 "이미 2008년 진입도로 인근 부지를 편입한 상황에서 추가로 편입되면 나머지 부지에 대한 활용도도 크게 떨어질 수밖에 없다"고 주장했다. 또 "LH가 지구 내 비싼 부지에 도로를 개설하면 분양 과정에서 큰 손해가 예상되자, 상대적으로 저렴한 지구 밖 부지를 매입해 도로 개설을 추진하는 것은 횡포"라고 덧붙였다.

이에 대해 LH 관계자는 "사송지구 내에 개설된 경부고속도로 하부도로 2곳을 넓혀 사용하기로 했지만, 지구 내 교통량을 모두 수용할 수가 없어 계획 변경 때 교통영향평가에 나와 있던 지구 밖 도로 개설을 결정한 것"이라며 "진입로 편입과 함께 수목원으로 진·출입할 수 있는 도로도 개설할 것"이라고 말했다.

김태권 기자

부산일보 지면 기사
"사송 신도시 조성 LH 길 낸다며 뒤늦게 토지수용 논란"
(2020.04.08.)

BUSAN.com

사송신도시 조성 LH, 길 낸다며 뒤늦게 토지 수용 논란
사송지구 밖 수목원 등 편입 통보∥지주 경암재단, 강제 수용 반발

김태권 기자 ktg660@busan.com

입력 : 2020-04-08 19:45:52

LH가 강제로 수용을 추진 중인 경암재단의 수목원 진입로 전경.

한국토지주택공사(LH)가 경남 양산 동면에 사송신도시를 조성하면서 뒤늦게 도로 개설을 이유로 사송지구 밖 수목원 임야 등 1만 1000여㎡를 강제 수용키로 해 해당 지주가 반발하고 있다. 8일 양산시 등에 따르면 LH는 2018년 8월 사송지구 계획 변경(3차)과 지구 밖 사업을 승인받으면서 사송지구 밖에 위치한 동면 사송리 1018의 49일대 1만 5000㎡를 편입해 경부고속도로 하부를 연결하는 도로를 개설하기로 했다. LH는 지구 밖 사업 승인을 받기 전 양산시를 통해 편입 부지 지주들에 대한 의견 수렴 절차를 거쳤다. 당시 1만 5000㎡ 부지 중 1만 1317㎡(수목원) 부지를 소유한 경암교육문화재단(이하 경암재단)이 편입에 반대했다.

그러나 LH는 경암재단의 반대에 불구하고, 협의도 제대로 하지 않고 편입을 결정한 뒤 강제 수용 절차를 진행해 반발을 사고 있다. 특히 LH는 2006년에 시행한 사송지구 교통영향평가에서 지구 내 원활한 교통 소통을 위해 지구 밖 도로를 개설하도록 했지만, 10여 년간 미루다 2018년 도로 개설 승인과 함께 편입을 통보했다.

문제는 LH가 수용하기로 한 부지는 경암재단이 소유 중인 26만여㎡ 부지의 진입로로 사용 중인 데다 부산 해운대 장산의 명물인 암괴류와 비슷한 화강암·안산암 단지에 수목원까지 어우러져 보존 가치가 높아 도로 개설 시 훼손도 불가피한 실정이다. 특히 경암재단은 수목원에 미술관과 청소년과학관 등의 건물 건립을 추진 중이어서 진입로가 사송지구에 편입되면 계획에 차질이 빚어지는 것은 물론 남은 부지에 대한 활용도도 크게 떨어진다며 사송지구 내에 도로 개설을 요구했다.

경암재단 관계자는 "지구 내 연결 도로가 필요하면 지구 내에서 만들면 되는데 수목원 진입로로 사용 중인 부지를 강제로 수용하는 것은 말도 안 된다"며 "이미 2008년 진입도로 인근 부지를 편입한 상황에서 추가로 편입되면 나머지 부지에 대한 활용도도 크게 떨어질 수밖에 없다"고 주장했다. 또 "LH가 지구 내 비싼 부지에 도로를 개설하면 분양 과정에서 큰 손해가 예상되자, 상대적으로 저렴한 지구 밖 부지를 매입해 도로 개설을 추진하는 것은 횡포"라고 덧붙였다.

이에 대해 LH 관계자는 "지구 내 교통량을 모두 수용할 수가 없어 계획 변경 때 교통영향평가에 나와 있던 지구 밖 도로 개설을 결정한 것"이라며 "진입로 편입과 함께 수목원으로 진·출입할 수 있는 도로도 개설할 것"이라고 말했다.

글·사진= 김태권 기자 ktg660@

부산일보 인터넷 속보
"경암재단 LH 측에 편입 철회하지 않으면 법적 소송 경고"
(2020.04.12.)

(속보)경암재단, LH 측에 편입 철회하지 않으면 법적소송 경고

김태권 기자 ktg660@busan.com

입력 : 2020-04-12 [14:22:00] 수정 : 2020-04-12 [12:27:21] 게재 : 2020-04-12 [16:47:05]

LH가 강제로 수용을 추진 중인 경암재단의 수목원 진입로 전경. 김태권 기자

속보=경남 양산 사송신도시 조성과정에서 뒤늦게 지구 밖 사업승인으로 사송지구 밖에 있는 경암교육문화재단의 수목원 진입로 1만여㎡가 강제 수용 통보(부산일보 지난 9일 자 11면 보도)를 받은 가운데 경암재단이 한국토지주택공사(LH)를 상대로 법적 소송에 나서기로 하는 등 강력히 반발하고 나섰다.

경암재단은 최근 LH 측에 '토지수용재결 재고' 소송에 앞서 내용증명(최고장)을 발송했다고 12일 밝혔다.

경암재단은 내용증명에서 "LH가 도로 개설의 이유로 재단 등의 소유 임야 3필지 1만 1317㎡를 강제로 수용하는 계획을 즉각적으로 철해 할 것"을 요청하고, 이를 수용하지 않으면 법적 소송에 나서겠다고 경고했다. 경암재단은 내용증명에서 "LH는 재단 등의 소유 토지에 대한 추가 수용재결 신청은 수용권의 공익 목적에 반하는 수용권 남용에 해당해 위법·부당하다"며 "LH의 수용재결 신청에 결코 응할 수 없음을 다시 한번 더 알려드린다"고 밝혔다.

특히 경암재단은 "재단 소유의 수목원에는 현재의 자연환경을 그대로 보존한 상태에서 지역 청소년을 위한 수목원, 과학관, 박물관, 미술관 등으로 활용할 계획"이라며 "하지만 LH의 지구 밖 사업 승인은 개발 목적의 사업으로 천혜의 자연환경을 훼손할 개연성이 높고, 사업 목적 역시 사업시행자의 분양수익을 높이기 위한 것으로 재단 측의 토지 사용 계획과 비교할 때 공공성이 떨어진다"고 주장했다.

앞서 LH는 2018년 8월 사송지구 계획 변경(3차)과 지구 밖 사업 승인을 받는 과정에서 2006년에 시행한 교통영향평가를 이유로 사송지구 밖에 있는 1만 5000㎡ 부지를 편입해 경부고속도로 하부를 연결하는 도로를 개설하기로 했다. LH가 편입하기로 한 1만 5000㎡ 부지 중 3필지 1만 1317㎡는 경암재단과 그 관계자 소유의 부지로, 당시 열람 과정에서 '편입 반대의견'을 제시했다.

LH가 강제로 수용을 추진 중인 경암재단의 수목원 진입로 전경. 김태권 기자

그러나 LH는 지주의 반대의견을 무시하고 올해 2월 수용재결 신청사항 열람공고를 통지하는 등 강제 수용 절차에 들어가자, 경암재단이 강력히 반발했다. 경암재단은 " LH가 수용하기로 한 부지는 재단이 소유 중인 26만여㎡의 진입로로 사용 중인 데다 부산 해운대 장산의 명물인 암괴류와 비슷한 화강암·안산암 단지에 수목까지 어우러져 보존 가치가 높아 도로 개설 시 훼손도 불가피하다"고 주장했다.

또 "수목원에 청소년과학관 등의 건물 건립을 계획 중이어서 진입로가 사송지구에 편입되면 계획에 차질이 빚어지는 것은 물론 남은 부지에 대한 활용도도 크게 떨어진다"며 사송지구 내에 도로 개설을 요구했다. 김태권 기자 ktg660@busan.com

KNN 뉴스 보도
"금정산 숨은 비경, 조사도 없이 훼손"되고 있다.
(2020.04.22.)

금정산 숨은 비경, 조사도 없이 훼손

작성자 KNN관리자 등록일 2020년 4월 22일 조회수 1498 의견 0

부산과 양산으로 이어지는 금정산은 국립공원 지정이 논의 될 만큼 생태적으로도 중요합니다. 아직도 알려지지 않는 계곡과 나무들이 존재하는데요, 하지만 답사나 조사조차 되지 않는 숨은 계곡이 포크레인에 파헤쳐 지고있습니다. 그 현장을 최한솔 기자가 둘러봤습니다.

부산에서 뻗어나가 양산으로 흘러 내리는 금정산의 한 자락입니다. 계곡물이 흘러 내립니다. 오염원이 없어서인지 투명합니다. 주변에는 수령이 오래된 듯한 나무들이 곳곳에서 자랍니다. 사람의 손길이 닿은 흔적은 찾아 볼 수없습니다. 한 재단 소유의 구역이어서 아직 조사도 제대로 안된 계곡과 산림입니다. 하지만 일부 구간에서는 훼손이 시작됐습니다.

"저는 지금 양산 사송신도시 조성이 진행 중인 금정산 일대에 나와 있습니다. 이렇게 택지 개발이 한창인 가운데 놀랍게도 반대편에는 계곡물이 흐르고 있습니다."

계곡으로 들어가니 쓸려 내려 온 토사와 바위들이 물줄기를 막고 있습니다. 땅이 파헤쳐지면서 잘려나간 나무부터 공사 과정에서 버려진 것으로 추정되는 각종 자재들이 널브러져 있습니다.

"계곡을 따라 조금더 올라와 봤습니다. 뒤에 보이는 빨간 깃발까지가 개발 예정 구역입니다. 예정대로 공사가 강행된다면 물줄기가 막히게 됩니다."

그린벨트 구간이었다가 지난 2008년 양산 사송 주택지구에 편입됐는데, 지난 10일부터 부지 조성이 시작된 것입니다. 그린벨트를 해제하는 과정에서 국토교통부와 양산시가 협의를 하게 돼 있지만 양산시는 해당 지역에 계곡이 있다는 자체를 몰랐습니다. 지도상에 드러나지 않은 소규모 물줄기라는 이유였습니다.

{유진철/금정산보존회 부회장/" 계곡에 자연스럽게 물이 내려가 소가 형성돼야 물고기가 살고 풀이 사는데, 저런 식으로 개발이 되면 (생태계가 파괴됩니다.)" }

현장 답사나 조사가 제대로 이뤄졌는지도 의문인데다, 공사 자체를 재단에 통보조차 하지 않았습니다. 국립공원을 꿈꾸는 금정산의 숨은 계곡과 식생들이 포크레인에 사라질 위기에 처했습니다.

KNN 최한솔입니다.

KNN 뉴스 보도
"파헤쳐진 계곡 멸종 위기종 무더기 발견"되고 있다.
(2020.04.24.)

파헤쳐진 계곡, 멸종위기종 무더기 발견

작성자 KNN관리자 등록일 2020년 4월 24일 조회수 2133 의견 0

금정산의 숨은 계곡이 파헤쳐지고 있다는 소식 전해드렸습니다. 이 곳에 좀처럼 보기힘든 멸종위기종들이 무더기로 KNN 카메라에 담겼습니다. 금정산 생태계의 가치가 아주 높다는 것이 다시한번 증명됐는데요, 하마터면 포크레인에 훼손돼 영원히 사라질뻔한 것입니다. 최한솔 기자가 취재했습니다.

대규모 주택단지 조성이 시작된 양산 사송지구 옆 금정산입니다. 가늘고 긴 몸통의 동물이 소나무 가지 위에서 민첩하게 움직입니다. 멸종위기종 2급의 담비입니다. 국내에선 전설 속의 동물로 불릴 만큼 희귀한 담비가 해당 구역에서 한 생태전문가의 카메라에 포착된 것입니다.

{김합수/생태전문가/" 공사 현장으로부터 직경으로 약 1백미터 정도 거리에서 담비를 발견하였습니다. 이 일대가 담비의 서식지라고 볼 수 있습니다." }

공사 자체가 담비 서식지 파괴를 우려할 수밖에 없는 대목입니다.
워낙 보기 힘들어 국내에 자료조차 구하기 힘든 희귀식물 옥녀꽃대가 무더기로 발견됐습니다.

{김합수/생태전문가/" 자료부족 종으로 아주 희귀한 종으로 여겨집니다.
여러군데 자라는 걸로 봐서 이곳이 (군락지로 보입니다.)" }

이름없는 계곡을 촬영하던 취재진은 꿈틀거리는 생명체를 발견했습니다. 국내 고유종인 노란빛깔의 고리도롱뇽입니다. 금정산 다른 일대보다 종다양성 등 생태적 가치가 높다는게 전문가들의 설명입니다. 바로 이 일대가 재단 소유여서 오랜시간 사람의 손길이 닿지 않아 멸종위기종들이 번성한 것으로 보입니다. 금정산 전체적으로도 아직 제대로 보고되지 않은 동식물들이 영상에 포착된 것입니다. 하지만 상황은 급박해졌습니다.

"멸종위기종 2급인 고리도롱뇽입니다. 법적보호종으로 서식지를 훼손하면 처벌을 받을 수도 있는데요, 보시다시피 포크레인 공사가 한창입니다."

계곡과 산림 등 주변 생태계에 대한 고려없이 주택단지 공사가 강행되고 있는 것입니다.
담비와 도롱뇽이 살기 위한 최소한의 완충지대인 계곡과 산림 등이 지금 빠르게 훼손되고 있습니다.

KNN 최한솔입니다.

KNN 뉴스 보도
"금정산 계곡 환경영향평가 졸속 확인"
(2020.04.26.)

금정산 계곡 환경영향평가 졸속 확인

작성자 KNN관리자 등록일 2020년 4월 26일 조회수 1693 의견 0

KNN 취재팀은 포크레인으로 파헤쳐지는 공사장 옆 금정산에서 귀한 동식물들을 영상으로 포착해냈습니다. 그런데 옆에서는 공사가 강행되고 있습니다. 공사허가를 내 준 환경영향평가서를 봤는데, 문제가 많았습니다. 최한솔 기자가 취재했습니다.

여의도 면적에 달하는 276만 제곱미터 규모의 양산 사송신도시 개발지구입니다. 취재진은 이 일대 금정산 자락에서 멸종위기종 2급에 해당하는 고리도롱뇽을 찾았고 최상위 포식자라 불리는 담비가 사는 것을 확인했습니다. 서식지 보존이 필요한 법적보호종들인데, 택지개발로 포크레인이 밀고 들어왔습니다.

"다섯 차례에 걸쳐 이뤄진 이 환경영향평가서에는 담비는 물론 취재진이 하루만에 찾아낸 고리도롱뇽 등 멸종위기 야생동물에 대한 기록이 모두 빠져 있습니다."

공사가 주변 환경에 어떤 영향을 미치는지 평가하는 보고서가 부실하게 만들어졌다는 지적이 제기되는 대목입니다. 시공사인 LH가 선정한 A 업체는 지난 2004년부터 2007년까지 계절별로 5 차례 동식물을 조사했습니다. 하지만 조사 시기가 생물 특성에 대한 검토가 제대로 없었다는 지적입니다. 보고서에는 없는 팔색조 등 멸종위기숲새들은 대부분 6월에 번식하는데 해당 조사에서 6월은 빠졌습니다. 이 지역 도롱뇽들은 2~3월에 번식하는데 이 시기 또한 빠져 있습니다.

"그런 탓인지 조사팀은 도롱뇽에 대해 두 차례 탐문조사만 실시했고 아무런 흔적은 찾지 못했습니다. 결국 보고서는 멸종위기야생동물에 대한 흔적이 확인되지 않았다고 끝을 맺습니다."

{이보경/환경영향평가 제도개선 전국연대 사무국장/" 개구리가 확인됐으면 더 중요한 도롱뇽 등에 대한 확인이 같이 병행됐어야 하는데 탐문조사에 그쳤다는 것은 그만큼 무성의한 조사였다고 생각합니다." }

여기에 환경영향평가서 자체도 이미 지난 2007년 즉 13년 전의 것입니다. 때문에 환경영향평가서에는 없는 주요 동식물의 서식지와 실제 모습이 계속 확인되고 있습니다.

KNN 최한솔입니다.

KNN 뉴스 보도
"부실 환경평가 10년 동안 눈 가리고 아웅"
(2020.04.28.)

부실 환경평가, 10년동안 '눈 가리고 아웅'

작성자 KNN관리자 등록일 2020년 4월 28일 조회수 2209 의견 0

KNN취재팀은 금정산 양산 구간 공사현장 주변에서 단 하루만에 멸종위기종을 무더기로 발견했습니다.
하지만 공사전후 10년 넘게 환경조사를 했다는데도 멸종위기종을 한마리도 발견하지 못했다고 합니다.
무엇이 문제였을까요? 최한솔 기자가 취재했습니다.

276만 제곱미터 규모의 양산 사송신도시 개발지구입니다. 취재진은 이 일대에서 지금은 최상위 포식자인 담비가 산다는 것을 확인했고, 멸종위기종 2급 고리도롱뇽과 세계자연연맹 관심대상인 꼬리치레도롱뇽을 찾았습니다. 하지만 환경영향평가서에는 이 모든 멸종위기종들이 빠져 있었습니다. 공사를 시작한 뒤 다시 주변환경을 살피는 사후환경영향평가는 어땠을까?

시행사인 LH가 선정한 조사업체들은 착공 뒤 7년에 걸쳐 사후환경영향평가를 진행했다고 합니다. 하지만 단 한 차례도 법적보호종을 찾지 못했습니다. 평가서에는 꼬리치레도롱뇽과 고리도롱뇽은 그 어디에도 없었습니다.

"사전환경영향평가에 발견된 파충류와 양서류가 사후영향평가서에 그대로 나타납니다.
복사기로 카피를 했다는 표현이 더 적절한 듯합니다."

조사를 제대로 했는지에 대한 의문이 제기되고 있습니다.
여기에 멸종위기종들을 발견하고도 고의로 빠뜨렸다는 의심을 살 수도 있는 대목입니다.
7년간 했다는 조사에서는 빠졌는데, KNN취재팀이 단 하룻만에 발견한 것이 이를 말해줍니다.

더구나 이러한 부실 의혹에 쌓인 평가를 막기위해 환경부가 사전*사후 환경영향평가들을 검토하도록 돼 있지만 결과는 변함이 없었습니다.

{주재민/낙동강유역환경청 환경평가과 팀장/" 관할하고 있는 사업장이 3백여 개 정도 됩니다.
3백여 개를 일일히 생태조사에 대해 거짓인지 부실인지 하나하나 다 검토하기에는 현실적으로 어렵습니다."}

부실 환경평가 논란속에 환경부가 면죄부를 주는 형국이 되고있지는 않는지,
멸종위기종들의 서식지는 지금도 빠르게 훼손되고 있습니다.

KNN 최한솔입니다.

KNN 뉴스 보도
"금정산 환경훼손, 재검토 요구 봇물"
(2020.05.06.)

금정산 환경훼손, 재검토 요구 봇물

작성자 KNN관리자 등록일 2020년 5월 6일 조회수 1385 의견 0

KNN취재팀이 지속적으로 지적했던 금정산 환경훼손에 대해 부산경남 환경단체들이 대책마련을 한목소리로 촉구하고 나섰습니다. 여기에 환경부와 LH가 정밀 조사를 실시하겠다고 밝혔습니다.
최한솔 기자가 취재했습니다.

대규모 택지개발지구 부근 금정산에서 취재진은 멸종위기종 야생동식물을 무더기로 발견했습니다.
하지만 10년간 조사했다는 사전·사후 환경영향평가 모두에서 해당 생물들은 빠져 있습니다.
조사하지 않았던지, 고의 누락시킨 것인지 의심이 가는 대목입니다.
이때문에 부산경남남 환경단체들이 공동으로 대책 마련을 촉구하고 나섰습니다.

{김민재/부산환경운동실천연합 이사장/" 10년간 조사된 환경영향평가와 사후영향평가 그 어디에도 해당 생물종(멸종위기종)은 없었다. 일반인의 눈에는 보이는 이 생물들이 시행자가 고용한 전문 조사업체의 조사에서는 보이지 않았다는 것은 언어도단이다." }

이들은 양산시와 LH 그리고 환경부에 보전대책을 먼저 마련하라고 요구했습니다.
낙동강유역환경청은 정밀 생태조사를 실시하겠다고 밝혔습니다.

{주재민/낙동강유역환경청 환경평가과 팀장/" 우리 청에서는 사송지구 개발 관련 사업에 한해서 생태조사 부분에서는 정밀조사를 할 계획이며 그 결과에 따라 조치계획을 수립하도록 하겠습니다." }

시공사인 LH는 환경부의 정밀조사를 바탕으로 필요시 대책을 수립하겠다며 취재진이 멸종위기종을 찾았던 계곡 부근은 경관녹지로 조성해 현상태를 보존하도록 할 계획이라 밝혔습니다.

"하지만 사송지구 개발에 대한 전반적인 지원을 담당하는 양산시는 해당 사업이 이미 국토교통부의 승인이 난 사업이기 때문에 독자적으로 입장을 내세울 것이 없다고 밝혔습니다."

늦은 감이 있지만 시공사와 환경부가 대책마련에 입장을 밝힌 만큼, KNN은 숨은 계곡 속 동식물들이 보호받는 실행력있는 방안을 지켜 볼 것입니다.

KNN 최한솔입니다.

KNN 뉴스 보도
"금정산 환경훼손, 생태 재조사한다"
(2020.05.26.)

금정산 환경훼손, 생태 재조사 한다.

작성자 KNN관리자 등록일 2020년 5월 26일 조회수 1625 의견 0

KNN 취재팀이 대규모 환경훼손 문제점을 들춰냈던 금정산 양산 사송 일대에 대해 전면 재조사가 시작됩니다.
LH와 환경단체들이 합동 정밀조사를 합의 한 것인데요, 전례를 찾기 힘든 경우로, 향후 부실한 환경영향평가
제도를 고칠 수 있는 시발점이 될 것으로 보입니다. 최한솔 기자가 취재했습니다.

대규모 택지개발이 이뤄지고 있는 양산사송지구와 금정산 사이에 펜스가 설치됐습니다.
부지조성이 한창이던 포크레인 공사도 경계선을 따라 잠정 중단됐습니다.
10년간 조사했다는 환경영향평가서에는 없던 멸종위기종들이 무더기로 나왔기 때문입니다.
부산*경남 환경단체들의 거센 항의에 시공사인 LH는 결국 합동생태조사에 합의했습니다.
LH와 환경단체가 각각 추천한 전문가들이 공동으로 동식물 조사에 참여하면서
사실상 생태계를 전면 재조사 하는 것입니다.

{유진철/금정산보존회 부회장/" 누가 들어도 누가 보아도 '잘했다' 라고 확실하게 할 수 있게끔
저희들이 계속 모니터링하고 현장에서 감시 역할을 할 계획입니다." }

여기에는 조사 결과에 따라 완충지대 확보 여부도 포함됩니다.
택지조성 과정에서 전면 재조사를 벌이는 경우는 전례를 찾기 힘듭니다.
때문에 숱하게 문제점으로 지적돼 온 환경영향평가 제도 자체를 고칠 수 있는 시발점이 될 것으로 보입니다.

{이성근/부산그린트러스트 상임이사/" 환경영향평가에 대해서 시민들 누구나 알 수 있는
(결과를 도출해) 이번 기회를 통해서 새롭게 자리매김되는 기회가 됐으면 합니다." }

늦었지만 KNN은 이제 멸종위기종들의 서식지 보호를 위한 납득할 수 있는 조사와 대책을 지켜 볼 것입니다.

KNN 최한솔입니다.

연합뉴스TV
"강제 수용 안돼"... 경남 양산 신도시 토지 수용 논란
(2020.06.11.)

"강제 수용 안돼"…경남 양산 신도시 토지 수용 논란

한국토지주택공사 LH가 경남 양산에 신도시를 조성하면서 도로 개설을 이유로 지주 동의 없이 땅을 수용키로 해 논란이 일고 있습니다. 지주는 환경 보전 등의 이유로 수용을 반대한다는 입장을 밝혔지만, LH가 수용을 강행하면서 양측이 대립하고 있는데요. 고휘훈 기자의 보도입니다.

[기자] 경남 양산시 동면의 한 숲입니다. 울창한 나무와 수려한 돌들이 가득한 이곳이 최근 사라질 위기에 처했습니다. LH가 인근에 신도시를 조성하면서 이곳 1만1000㎡를 편입해 경부고속도로 하부를 연결하는 도로를 개설하기로 결정했기 때문입니다. 편입된 땅의 대부분을 소유하고 있는 경암교육문화재단 측은 이곳에 수목원을 조성하고 과학관과 박물관 등을 건립할 계획이었습니다.

<신소영 / 경암교육문화재단 관계자> "자연 생태계를 그대로 보전하는 수목원을 조성하기 위해 그동안 수천 그루의 나무를 심어오면서 가꾸어왔습니다."

LH는 지구 밖 사업 승인을 받기 전 양산시를 통해 의견 수렴 절차를 거쳤는데, 재단은 반대 의사를 분명히 밝혔지만 수용이 강제로 진행되고 있다고 주장합니다.

<신소영 / 경암교육문화재단 관계자> "이번 한국토지주택공사의 추가도로 개설은 수익성을 높이기 위한 부당한 행위로 인해서 저희 재단 수목원 진입로가 사라지게 될 위기에 처해 있습니다."

LH는 해당 위치가 경상남도의 교통영향심의위원회 심의를 통해 장애물 처리, 안정상의 이유 등으로 최적지로 결정돼 도로 개설을 추진하게 됐다고 설명했습니다.

그러면서 수목원이 만들어지면 진·출입로를 조성하는 등 민원인의 요구사항을 다각적인 방안으로 협의하겠다고 덧붙였습니다. 한편 해당 토지에 대한 수용 재결 심의는 11일 중앙토지수용위원회에서 열릴 예정입니다.

연합뉴스TV 고휘훈입니다.

KNN 뉴스 보도
"세계에 딱 하나뿐인 신종 도롱뇽 발견"
(2020.10.08.)

세계에 딱 하나뿐인 신종 도롱뇽 발견

작성자 최한솔 등록일 2020년 10월 8일 조회수 3863 의견 0

KNN이 지속적으로 취재했던 금정산 양산 사송지구 부근에서 신종 도롱뇽이 발견됐습니다. DNA 분석결과 아직 학계에 보고되지 않은 세계 최초의 사례인데요, 금정산 자락 관련 지역이 생태적으로 얼마나 중요한지가 새롭게 밝혀지고 있습니다. 최한솔 기자가 취재했습니다.

날씨가 쌀쌀해지는 금정산 양산 사송지구 부근 계곡입니다. 지난 봄 어미가 낳은 알에서 깨어나온 도롱뇽의 유생이 계곡에서 무더기로 나옵니다. 무더위가 시작되던 지난 5월 촬영한 화면에는 어른 도롱뇽들이 어렵지 않게 포착됐습니다. 같은 꼬리치레 도롱뇽입니다. 전문가를 통해 DNA를 분석하자 예상치 못한 결과가 나왔습니다. 바로 세상 어느곳에서도 없는, 이곳 계곡에서만 서식하는 종으로 확인됐습니다.

{민미숙/서울대학교 수의과대학 연구교수/사송지구에 있는 꼬리치레도롱뇽 개체군들은 전 세계에서 볼 수 없는 고유한 유전적인 특성을 가지고 있는 신종 후보로서 등재돼 있기 때문에 이 집단을 보존하고 보호해야 될 가치가 굉장히 크다고 생각합니다.}

전 세계에 하나뿐인 신종으로 새로운 명칭과 함께 등록될 예정입니다. 그동안 적극적인 현장 취재로 2차 정밀조사를 이끌어내면서 일궈낸 성과입니다. 전문가들의 두 차례 조사에서 지난 10년간의 환경영향평가에서 한 마리도 없다던 멸종위기종 7 종이 추가됐고 눈여겨 볼 만한 식생들 또한 쏟아졌습니다.

굵기가 50cm가 넘는 거대한 칡넝쿨도 발견됐습니다. 전문가들은 수령이 최소 백년 이상 예상하고 있습니다. 천연기념물 담비도 추가로 확인됐습니다. 당초 취재진이 확인한 담비를 두고 시공사인 LH는 증거가 없다며 발뺌하다 결국 거짓 주장으로 들통난 것입니다.

"하지만 이곳 계곡에 모여야 할 물들이 바로 옆 굴착 공사 등으로 퍼져나가면서 보시다시피 계곡 물이 말라가고 있습니다. 식생 또한 황폐화되고 있습니다."

세계 최초로 이곳에서만 서식하는 도롱뇽까지 발견되면서 해당 지역에 대한 보호대책은 더 미룰 수 없는 일이 됐습니다.

KNN 최한솔입니다.

KNN 뉴스 보도
권한 타령에 '세계 유일종 보호 못한다?'
(2020.10.14.)

권한 타령에 '세계 유일종 보호 못한다?'

작성자 최한솔 등록일 2020년 10월 14일 조회수 2544 의견 0

양산사송지구 일대 금정산에서 신종 꼬리치레도롱뇽이 발견됐다는 소식 전해드렸습니다.
그런데 이 도롱뇽이 보호의 사각지대에 내팽개지고 있습니다. 아직 보호종 등재가 안 돼
보호 권한이 없다는 이유입니다. 최한솔 기자가 취재했습니다.

양산사송지구 일대 금정산에서 발견된 꼬리치레도롱뇽입니다. 해당 도롱뇽은 DNA 분석 결과 세계 어디에도 없
는 신종으로 확인됐습니다. 학계에선 가칭 양산꼬리치레도롱뇽으로 등재를 준비하고 있습니다.

하지만 이 순간에도 대규모 택지개발로 서식지는 파괴되고 있습니다.
1급수 계곡에서 3년을 살아야 성체가 되는 생물인데 일대 굴착공사가 진행되면서
계곡이 말라가고 있는 것입니다.
상황이 이런데 이들 도롱뇽을 관리하고 보존할 대책을 준비하는 곳은 어디에도 없습니다.
야생동물 관리를 담당하는 낙동강유역환경청부터 권한이 없다고 말합니다.

"멸종위기종으로 등록이 돼야 보호관리에 대한 대책을
세우는데 신종 꼬리치레도롱뇽은 아직 등재도 안 된 생물이라 보호 권한이 없다는 설명입니다."

그러면서 일반 양서류 관리는 해당 지자체에 권한이라고 책임을 넘깁니다.
관련 지자체인 양산시는 해당 지역에 도롱뇽이 살고 있다는 사실도 파악하지 못하고 있습니다.
지난 5월에 발견된 것을 감안하면 사실상 실태를 의도적으로 외면하고 있다는 지적입니다.
도롱뇽이 살아 있어야 보호종으로 등재가 되는 것은 앞뒤가 맞는 상식입니다.

하지만 기관들의 회피 행정에 세상에서 유일하게 이곳에서만 살고 있는 도롱뇽이 발견과 동시에
영원히 사라질 수도 있는 상황에 내몰리고 있습니다.

KNN 최한솔입니다.

KNN 뉴스 보도
세계 유일 도롱뇽, '금정산에서 발견'
(2020.10.12.)

세계 유일 도롱뇽, '금정산에서 발견'

작성자 최한솔 등록일 2020년 10월 12일 조회수 4207 의견 0

KNN 취재팀이 지난 5월 금정산 사송지구에서 발견한 도롱뇽이 세상 어느곳에도 없는 신종으로 확인됐다는 소식 전해드렸습니다. 금정산의 생태적 중요성과 가치가 새롭게 조명되고 있는데, 당장 서식지 보호가 시급합니다. 최한솔 기자가 취재했습니다.

지난 5월, 취재진이 양산사송지구 일대 금정산에서 만난 꼬리치레도롱뇽입니다. 계곡이 흐르고 샘이 솟는 1급수에만 서식하는 종입니다. 이 도롱뇽은 당시 한국토지주택공사 LH의 환경영향평가서에서는 아예 빠져 있었던 것을 취재팀이 하룻만에 발견한 것입니다. 그만큼 이 일대 계곡에 많이 서식한다는 것과, 환경영향가서가 심각하게 왜곡됐다는 것을 말해 줍니다. 하지만 취재진이 발견하고도 환경부는 대수롭지 않게 처리했습니다. 멸종위기종이 아니라는 이유였습니다. 하지만 이 도롱뇽은 세계 어디에도 없는 종으로 확인됐습니다. 서울대학교 민미숙 교수 연구팀이 꼬리치레 도롱뇽의 DNA를 분석하자 국내 집단들 가운데서도 가장 독자적인 유전 특성을 보였습니다.

4백만 년 전 한반도에 자리를 잡은 뒤 해당 도롱뇽은 유전적으로 어디에도 속하지 않는 독립개체로 진화해 온 것입니다. 아직 학계에 보고만 됐고 정식 이름도 정해지지 않은 신종입니다.

{민미숙/서울대학교 수의과대학 연구교수/(해당 꼬리치레도롱뇽은) 새로운 종으로서 학회에 등재하는 작업에 있습니다. 종을 등재하기 위해서는 유전적인 측면 생태적인 측면 형태적인 측면의 연구를 추가로 시도를 해서 현재 등재를 하기 위해서 논문 작성 중에 있습니다.}

양산사송지구 일대는 물론 금정산 생태계의 보존가치가 새국면을 맞이하게 된 것입니다.
향후 기후변화 연구에 중요한 도움이 되는 것은 물론 신종생물자원을 연구하면서 생기는 모든 이익에 주도권을 지니게 될 수 있기 때문입니다.

{김합수/생태연구가/고립된 채로 수백만 년을 살아 왔기 때문에 학술적인 연국가치가 아주 높고 특정한 지역에 한정돼 있는 유전적인 자원으로서의 가치가 아주 높다고 볼 수 있습니다.}

하지만 지금 이 순간에도 신종 도롱뇽의 서식지가 한국토지주택공사 LH의 주거지 개발로 급속히 사라지거나 위협받고 있습니다.

KNN 최한솔입니다.

KNN 뉴스 보도
금정산 환경평가, 사실상 '조작' 확인
(2020.10.22.)

금정산 환경평가, 사실상 '조작' 확인

작성자 최한솔 등록일 2020년 10월 22일 조회수 3203 의견 0

양산사송개발지구 일대 금정산에서 멸종위기종과 신종도롱뇽을 무더기로 찾았다는 소식 전해드렸는데요, 이후 저희 KNN은 해당 공사에 면죄부를 준 환경영향평가서에 문제가 있다고 지적해 왔지만 시공사인 LH와 용역업체들은 정상적으로 조사를 실시했다는 답변만을 내놨습니다. 하지만 해당 구역의 환경영향평가가 단순 부실이 아니라 사실상 일부에선 조작이 확인되고 있습니다. 최한솔 기자가 취재했습니다.

여의도 면적의 신도시 개발을 진행 중인 양산사송지구, 취재진은 이 일대 금정산에서 담비와 고리도롱뇽 등 멸종위기종을 단 하루 만에 무더기로 찾았습니다. 또한 이곳에 서식하는 꼬리치레도롱뇽이 세계 어디에도 없는 신종임을 밝혀냈습니다. 하지만 지난 10년간의 환경영향평가서엔 이들에 대한 기록이 단 한 줄도 없습니다. 지속적으로 엉터리 조사를 지적했지만 시공사인 LH와 용역업체들의 답변은 한결 같았습니다.

"조사할 당시에는 멸종위기종이 없었다."

이동하는 생명체이기에 가능한 변명이라면 식물은 어떨까? 지난 2017년 LH가 환경영향평가를 의뢰했던 지점입니다. GPS 상으로 동일한 지점에 그대로 가봤습니다. 수십년은 돼 보이는 비목나무와 갈참나무 군락이 형성돼 있습니다. 하지만 환경영향평가서엔 전혀 다른 수종인 밤나무와 상수리나무 군락이라 적어 놨습니다. 더욱이 비목나무는 존재조차 하지 않는다 돼 있습니다.

{홍석환/부산대학교 조경학과 교수/" 현장에 가봤을 때 독특하게 갈참나무가 굉장히 많이 생육하는 지역이었는데요, 그 사이사이로 비목나무가 많이 있는 독특한 숲이라 눈여겨 봤습니다. 상수리나무와 갈참나무를 구분하지 못 한다는 것은 식물을 전혀 모른다는 것입니다." }

또한 이곳 바위 지형에는 포도과에 속하는 덩굴식물들이 군락을 이루고 있습니다. 하지만 당시 환경영향평가서에는 한줄도 기록되어 있지 않습니다. 이 밖에도 식생보고서에 누락된 식물만 15 종. 모두 최소 수십년은 그 자리에서 자랐을 식생입니다.

{홍석환/부산대학교 조경학과 교수/" 조사자료가 실내에서 작성이 됐거나 상상으로, 아니면 아예 식물을 모르는 사람이 그냥 적었거나 뭐 그런정도로 밖에는 유추할 수 없습니다." }

취재진은 조사를 맡은 용역업체에 여러 번 답변을 요청했지만 정확한 해명을 내놓지 않았습니다. 보호가치가 높은 식생과 멸종위기종이 속속 발견되고 있는 사송개발지구. 이 지역에 대한 환경영향평가서가 부실을 너머 조작됐다는 의혹이 짙어지고 있습니다.

KNN 최한솔입니다.

KNN 뉴스 보도
"잘못된 환경평가에 멸종위기종 떼죽음"
(2021.03.03.)

잘못된 환경평가에 멸종위기종 떼죽음

작성자 최한솔 등록일 2021년 3월 3일 조회수 3003 의견 0

대규모 택지개발 지역에서 멸종위기종들이 무더기로 확인되고 있다는 소식 연속보도로 전해드렸습니다.
멸종위기종 고리도롱뇽이 떼로 발견됐지만 서식지 보호 대책이 없어 산란터로 이동하는 과정에서
모두 죽어나가고 있습니다. 최한솔 기자가 현장 취재했습니다.

택지개발이 한창인 양산 사송지구 일대 금정산 계곡입니다. 긴 꼬리의 꿈틀거리는 생명체가 무더기로 보입니다.
멸종위기종 2급 고리도롱뇽입니다. 겨울잠에서 깨어나 다시 계곡에서 활동을 시작한 것입니다.
이곳에서 2년 째 서식이 확인되고 있습니다.

{김합수/생태전문가/"} 몸통이라든지 꼬리 부분이라든지 그 무늬라든지 색깔 등
여러 방면을 봤을 때 고리도롱뇽과 완벽하게 일치합니다." }

하지만 주변은 여의도 면적의 택지개발지. 서식지 파괴가 진행되고 있습니다.
이미 그 결과는 곳곳에 나타납니다.
양서류는 주변 호수나 웅덩이로 이동해 산란을 하는데 이미 공사로 다 사라졌습니다.
이동을 하더라도 곳곳이 수렁입니다.
배수로 속에서 고리도롱뇽이 속속 발견됩니다.

"바로 옆 계곡에서부터 산란을 위해 이동하던 고리도롱뇽들이 빠져 있는 현장입니다.
멸종위기종이 이곳 쓰레기더미 배수로에 놓여 있는 상황입니다."

양서류들에게 그야말로 지옥의 현장입니다.
10년간 했다던 환경영향평가에는 한 줄도 없는 고리도롱뇽이기에
아무도 책임지지 않고 있는 현장입니다.

KNN 최한솔입니다.

환경일보
"태영건설 양산시 공사현장 환경법령 무시"
(2020.06.02.)

환경일보

HOME > 환경뉴스 > 사건사고

태영건설 양산시 공사현장, 환경법령 무시

권영길 기자 | 승인 2020.06.02 18:37

| 비산먼지 발생, 폐기물 처리 부적정, 작업장 내 안전조치 미흡

공사현장 내 수생태계 파괴하는 슬러지 발생 현장 <사진=권영길 기자>

[부산=환경일보] 권영길 기자 = 태영건설(주)과 LH의 경남 양산시 사송 공공주택지구 조성공사의 현장이 환경법령을 다수 위반하면서 토양 및 수질오염 우려가 높다. 게다가 비산먼지가 다량으로 발생하지만 이를 억제하는 조치가 없어 대기오염도 심각하다.

취재진이 공사현장을 확인한 결과 공사장 전체에 걸쳐 환경오염을 발생시키는 상황과 그 원인들이 다수 발견될 뿐만아니라 현장작업자들의 안전사고에 대비한 안전대책도 미흡했다.

기존 도로 철거한 폐아스콘 방치현장 <사진=권영길 기자>

먼저 기존도로를 철거한 폐아스콘들을 방치하는 한편, 방진망 설치 등 최소한의 환경오염 방지조치도 없었으며 공사현장 전체에 걸쳐 방진망 설치는 일부만 해놓은 상태였고, 일부는 그냥 노출된 상태로 방치되고 있다.

이에 대해 태영건설(주) J공사팀장은 "폐아스콘을 수거하는 업체(함안 S업체)에서 반출이 늦어져 현재는 기존 도로의 철거를 미루고 있는 상황이다. 조속한 시일 내로 폐아스콘들을 반출하겠다"며 외부 업체에 책임을 돌렸다.

공사현장 내 폐콘크리트와 폐철근이 방치되고 있는 현장 <사진=권영길 기자>

부록 — 119

두 번째로 공사현장 내에 철거하고 임시로 야적해놓은 폐콘크리트와 폐철근이 그대로 방치되고 있었다.

폐콘·폐철근이 환경오염 방지조치도 없이 그대로 방치되고 있는 상태로 이 공사현장의 작업장 주변에 흐르고 있는 실개천으로 폐콘과 폐철근에서 흘러내린 침출수가 공사장 내의 흙탕물과 함께 흘러가고 있는 상황이었다.

실개천에는 공사현장 내의 흙탕물을 비롯한 침출수가 실개천을 따라 유입돼 실개천과 그 주변 수질을 오염시키고 있었으며 이로 인한 수생태계 파괴 우려가 매우 높은 상황이다.

실개천의 슬러지 PH수치(11.20) 측정 <사진=권영길 기자>

이에 취재진이 실개천 내 슬러지 PH(수소이온농도)수치를 확인한 결과 11.20의 수치를 보였다.

수질환경보전법 제2장 폐수의 배출규제 '제8조(배출허용기준) 1항 폐수배출시설(이하 '배출시설')에서 배출되는 오염물질의 배출허용기준은 환경부령으로 정한다'로 규정하며, 폐수 배출허용기준을 결정하고 있다.

한편 공사현장 내의 실개천을 따라 흘러가는 흙탕물과 슬러지들은 주변 지역의 개천들과 합류해 또 다른 수질오염을 발생시키고 있으며, 이에 수질오염방지와 수생태계 보호에 대한 대책이 필요한 실정이다.

공사현장 외부 도로 노면 오염현장 <사진=권영길 기자>

세 번째로. 공사현장 내의 임시가도와 도로에서 발생되는 비산먼지의 방지대책이 필요하다.

공사현장에서 도로로 나오는 차량들은 세륜작업(바퀴를 물로 씻는 것)을 하지 않아 도로에 먼지를 옮겨, 공사장 주변 도로에는 흙과 먼지, 돌 등이 계속 쌓이고 있다.

이에 공사차량 운행으로 인한 잔재물 청소를 위한 진공흡입청소차량과 살수차량 등의 작업이 시급해보인다.

LH 양산사송 1공구 K감독소장은 "자체 진공흡입청소차량은 보유하고 있지 않지만, 살수차량과 대여한 진공청소차량 등을 운행하고 있다"고 밝혔다.

그럼에도 현재 공사현장의 주변 도로에는 공사차량의 운행으로 인한 도로의 오염뿐만 아니라 흙·잔돌들의 잔재물이 계속 발견되고 있다.

비산먼지 발생시키며 작업하는 현장 <사진=권영길 기자>

네 번째로 공사현장 내에서 비산먼지를 다량 발생시키고 있지만 이를 억제할 조치가 미흡한 상황이다.

돌을 파쇄·운반하기 위한 작업과정에서 비산먼지가 다량 발생되고 있다. 그러나 공사현장에는 ▷파쇄·운반작업 전 습식처리 ▷작업현장 주변 살수처리 ▷작업 중에 살수처리를 해 비산먼지 발생을 감소시키는 조치는 전혀 없다.

비산먼지 발생시키며 작업하는 현장 <사진=권영길 기자>

이에 살수차량·살수기를 통한 비산먼지 방지를 위한 살수작업 같은 비산먼지 방지대책·조치 등도 시급해보인다.

또한 살수차량이 공사현장 내 임시도로에서 살수작업 없이 작업장으로 이동하면서 비산먼지를 발생시키는 운행을 하고 있다.

태영건설(주) J공사팀장은 "살수차 등을 동원해 살수처리를 하고 있지만, 봄철 공사현장에는 먼지 등이 다수 발생할 수 있다"며 이번에는 계절 탓을 했다.

폐기물 보관 표지판조차 설치돼있지 않고 폐기물의 보관처리 등이 엉망인 공사현장 내 폐기물보관장소 <사진=권영길 기자>

다섯 번째로 공사현장에서 발생한 폐기물들을 처리하기 전·후의 대책이 허술해 2차 환경오염으로 이어지고 있었다.

공사현장 내의 폐기물 보관장소에는 폐기물 보관용 표지판 설치조차도 없었다. '폐기물관리법 시행규칙 별표4'에 의하면 '다항 6의 보관의 경우' 지정폐기물의 보관장소에는 보관 중인 지정폐기물의 종류·양과 보관기간 등을 기재한 표지판을 설치해야 한다.

다만 드럼 등의 보관용기를 사용해 보관하는 경우에는 용기별로 폐기물의 종류·성상·양과 배출회사명 등을 알 수 있는 표시를 해야 한다.

또 표지판의 설치요령으로 '야적장'의 경우에는 보관표지판을 사람이 쉽게 볼 수 있는 위치에 설치해야 하고, 표지판의 규격은 가로 60㎝ 이상×세로 40㎝ 이상(드럼 등 소형용기 부착 경우 가로 15㎝ 이상×세로 10㎝ 이상)의 황색 바탕에 흑색선·흑색글자의 색깔로 표시해야 한다.

그리고 폐기물관리법 시행규칙 제6조(폐기물의 수집·운반·보관·처리에 관한 구체적 기준 및 방법 등) 1항 제6조제1호에서 '환경부령이 정하는 구체적 기준 및 방법'이라 함은 별표 4의 기준 및 방법을 말한다고 규정하고 있다.

이런 법 규정조차 지키지 않고 있으며, 공사현장 내 폐기물들을 보관하는 폐기물보관장소에서는 방진망·방수포가 일부 설치해놓은 상태지만, 대부분 폐기물은 방진망·방수포의 설치가 없었다.

그리고 기존에 설치된 방진망·방수포는 설치한 후 시간이 많이 지나면서 여기저기 찢어진 상태로 노출되면서 방치되고 있다.

공사현장의 폐기물 보관장소 내 유류통 등의 허술한 보관처리 현장 <사진=권명길 기자>

아울러 폐기물 보관장소 한쪽 편에 보관하는 방치된 기름통들은 화재 대비 소화기 1개(폐기물보관장소 전체 2개)를 비치하고 있었지만, 기름통들은 내용물이 그대로 남아있는 상태이고 일부는 외부에 노출된 상태로 방치되고 있다.

이렇게 허술하게 보관된 상태에서 비가 내리면 빗물을 따라 외부로 오염물질이 배출돼 수질과 토양을 오염시킬 수 있어 매우 위험한 상태였다.

이에 기름통들의 보관이나 처리를 빠른 시일 내로 조치해서 주변의 환경오염을 유발시키는 오염원 등을 완벽히 제거하는 한편 위험물 등의 안전한 보관·처리를 해서 유류 화재와 주변 토양오염 방지를 세심하게 조치해서 안전한 작업환경을 조성해야 한다.

공사현장 내 작업장의 현장근로자의 안전모 미착용 현장 <사진=권영길 기자>

여섯 번째로 공사현장 내 작업장에서 산업안전보건법을 위반한 현장작업자들의 안전불감증이 만연하고 있다.

현장작업자는 공사현장 내 작업장에서 안전모를 착용해야 하지만, 안전모를 착용하지 않거나 안전모가 아닌 다른 모자를 착용하고 작업하는 현장작업자들이 공사현장 내에서 다수 발견됐다.

산업안전보건법 제4장 보호구 제32조(보호구의 지급 등) 2항 사업주로부터 제1항에 따른 보호구를 받거나 착용지시를 받은 근로자는 그 보호구를 착용해야 한다고 규정하고 있다.

그러나 LH와 태영건설(주)의 작업현장 내 안전관리 감독이 매우 허술하다는 비판을 피하기 어려울 것으로 보인다.

이에 공공주택 조성공사를 발주한 LH의 공사담당자와 본공사를 담당하는 태영건설(주) 공사담당자를 만나 양산사송 공공주택지구 조성공사 작업현장 내 만연한 법령 위반사항에 대해 들었다.

먼저 LH 공사담당자는 "법적으로 잘못된 부분이 있으면 시정 조치하겠다"고 밝혔고, 태영건설(주) 공사담당자는 "현장 내 환경오염부분에 대해 주의하면서 작업을 하는데 이론과 현실은 차이가 있다"며 "작업 중 환경오염이 발생되면 바로 시정조치하겠다"고 말했다.

또한 양산시청 환경관리과와 자원순환과 팀장은 "최근 코로나19 사태로 인한 대면접촉 등 감염확산 방지를 위해 최근 작업현장의 점검을 위해 공사현장을 방문하지 못하고 있다"며, "하지만 민원이 발생되면 현장점검·지도 등의 즉각적인 조치를 취하고 있다"고 말했다.

아울러 "비산먼지 발생 등 환경오염 실태가 명확한 사업장인 경우 법적인 조치를 취할 것"이라며 "또한 주기적으로 공사현장의 환경오염 여부를 확인하겠다"고 밝혔다.

 권영길 기자 suneye2@hkbs.co.kr

저작권자 © 환경일보 무단전재 및 재배포 금지

무너진 풍경
LH의 땅따먹기 프로젝트

인쇄일 2022년 5월 19일
발행일 2022년 5월 21일

발행일 진애언
펴낸곳 재단법인 경암교육문화재단
출판등록 제329-2015-000024호
주소 부산광역시 부산진구 서전로9번길 7
전화 051-803-1041
팩스 051-804-7735
홈페이지 http://www.kafound.or.kr

© 경암교육문화재단 2022
ISBN 979-11-956471-2-5 03300

이 책의 판권은 지은이와 경암교육문화재단에 있으며 이 책 내용의 전부 또는 일부를 이용하려면 반드시 양측의 서면동의를 받아야 합니다.

을 빼놓기만 하면 된다고 했소. 아무것도 못 느낄 테니까 말이오. 그 자신은 알리바이를 만들고 있을 테니까, 당신은 7시에서 7시30분이라는 시간대를 잘 지켜서 일을 하도록 주의해야 했을 거요.」

「사실이 아녜요.」

커스턴은 몸을 떨기 시작했다.

「그런 말을 하다니, 당신은 미쳤군요.」

하지만 그녀의 목소리엔 분노가 담겨 있지 않았다. 이상하게도 그녀의 어조는 기계적이었고, 또 피곤에 푹 젖어 있었다.

「당신이 말한 것이 사실이라면, 그가 살인죄로 구속이 됐는데도 내가 그냥 있었겠어요?」

「오, 예. 어찌 됐든 그는 자기 알리바이를 만들고 있겠다고 당신한테 얘기했었소. 당신은 아마도 그가 체포되어도 그의 결백이 증명될 것을 기대했을 거요. 그게 당신과 그가 세운 계획의 전부였소.」

「하지만 그가 자기 결백을 증명할 수 없었을 때 내가 그를 구해낼 수도 있잖아요?」

「아마 그랬을 수도 있겠죠. 하지만 뜻하지 않은 일이 생겼소. 사건이 있은 다음날 아침 재코의 아내가 여기에 나타났던 거지요. 당신은 그가 결혼했다는 걸 모르고 있었소. 그래서 그 여자는 당신이 자기 말을 믿도록 몇 번이고 자기가 재코의 아내라는 말을 되풀이해야 했소. 마침내, 당신은 세상이 무너지는 것 같은 충격을 받았소. 재코가 어떤 사람인지 비로소 당신은 알게 된 거요. 비정하고 교활하고, 당신에게 한 점의 애정도 없었다는 것을. 당신은 그가 당신에게 무슨 짓을 하게 만들어 놓은 건지 그때서야 깨달았던 거요.」

갑자기 커스턴 린즈트롬이 말을 쏟아 놓기 시작했다. 그녀의 입가에서는 조리도 없는 말이 마구 쏟아져 나왔다.

「난 그를 사랑했어요. 난 진심으로 그를 사랑했어요. 난 바보였어요. 속아 넘어가기 쉬운 중년 여자로 그에게 점이 찍힌 바보였어요. 그는 내가 자기 말을 사실로 생각하고, 또 사실로 믿게 만들었어요.

그는 아가씨들은 전혀 좋아하지 않는다고 했어요. 그는…… 그가 내게 했던 말을 모두 다 말할 수는 없군요. 난 그를 사랑했어요. 그를 사랑했다는 것만큼은 말할 수 있어요. 그런데 그 어리석게 선웃음치는 여자가, 어디서나 흔해 빠지게 볼 수 있는 조그만 여자가 나타났던 거예요. 난 그래서 이 모든 게 다 거짓말이라는 걸, 모두가 그의 간교라는 걸 깨달았어요. 내 잘못이 아니라, 그의 잘못이라는 걸 말예요.」

「내가 여기 왔던 날 밤…….」

캘거리가 다시 이야기를 시작했다.

「당신은 두려워하고 있었소, 안 그렇소? 당신은 앞으로 무슨 일이 생길지에 대해 겁먹고 있었던 거요. 당신은 다른 사람 때문에 두렵기도 했을 거요. 당신이 사랑하는 헤스터, 당신이 좋아하는 리오. 아마 당신은 이들에게 어떤 일이 생길지 조금쯤은 짐작했을 거요. 하지만 당신이 가장 걱정했던 것은 역시 당신 자신이었소. 자신에 대한 염려가 당신으로 하여금 무슨 일을 저지르게 만들었는지 당신은 잘 알 거요. 당신은 당신 손으로 방금 두 사람을 더 죽였소.」

「내가 티나하고 필립을 죽였다는 거예요?」

「물론이오. 당신이 그들을 죽였소.」

캘거리가 말했다.

「티나는 의식을 회복했소.」

커스턴의 어깨가 절망으로 인해 축 늘어졌다.

「그래서 내가 자기를 찔렀다고 그녀가 말했군요. 그녀가 알 거라고는 생각 못 했어요. 내가 미쳤었어요. 그때 난 미쳤었어요. 공포 때문에 미쳤댔어요. 사실이 밝혀질 날이 점점 가까워지고 있었으니까.」

「의식을 회복했을 때 티나가 뭐라고 한 줄 압니까? '컵은 비어 있었다'고 했소. 난 그 말이 무얼 의미하는지 알아차렸소. 당신은 필립 두런트에게 커피 한 잔을 갖다 주려는 참인 체했지만, 사실은 티나가 오는 소리를 들었을 때 당신은 이미 필립을 찌르고 그 방을 나오는 중이었소. 티나가 오자 당신은 이제 막 올라온 것처럼 쟁반을 들고 다시 들어가는 체했던 거요. 잠시 뒤에, 티나는 그의 죽음으로 인해 거의 아무것도 생각할 수 없을 정도로 충격을 받았지만, 마룻바닥에 떨어져 깨진 커피잔은 빈 잔이었고, 커피는 한 방울도 남아 있지 않다는 걸 거의 자동적으로 알아차렸던 거요.」

그때 헤스터가 소리쳤다.

「하지만 커스턴은 티나를 찌를 수 없었어요. 티나는 아래층으로 내려가서 미키에게로 걸어갔는데, 그때까지도 티나는 멀쩡했는데요.」

「아가씨, 내 말을 좀 들어 봐요. 칼에 찔렸어도 사람들은 자기에게 무슨 일이 생겼는지 모르는 채 큰 길 하나 정도는 그냥 걸어갈 수 있습니다! 티나는 충격을 받은 상태에 있었기 때문에 거의 아무것도 느낄 수가 없었을 겁니다. 뭔가 콕 찌르는 것 같다거나 약간의 통증 정도밖에는 못 느꼈을 겁니다.」

캘거리는 다시 커스턴을 쳐다보며 말했다.

「그리고 그 뒤에 당신은 범행에 쓴 칼을 미키의 주머니 속에 슬쩍 넣어 두었소. 그것이 당신이 저지른 일 중에서 가장 비열한 짓이었지.」

커스턴은 변명이라도 하듯 양 손을 내저으며 애원하는 목소리로 말했다.

「난 어쩔 수 없었어요. 어쩔 수 없었다고요. 사실이 밝혀질 날이 아주 가까워 오고 있었거든요……. 식구들 모두가 알기 시작하고 있었어요. 필립은 알아내고 있는 중이었고, 티나는…… 티나는 그 날 저녁 부엌 밖에서 재코가 나한테 얘기하는 소리를 들었던 것이 분명해요. 식구들은 모두 알기 시작하고 있었어요. 난 내 안전을 지켜야 했단 말예요. 난…… 결코 안전할 수가 없었어요!」

그녀는 손을 툭 내려뜨렸다.

「티나는 죽이고 싶지 않았어요. 그리고 필립은…….」

메어리 두런트가 의자에서 일어났다. 그녀는 천천히 방을 가로질러

왔다. 그녀가 무얼 하려는지 점점 분명하게 알 수 있었다.
「네가 필립을 죽였다고? 네가 필립을 죽였어!」
갑자기 그녀는 암호랑이처럼 맞은편의 여자에게 훌쩍 뛰어 달려들었다. 재빨리 그녀에게로 뛰어가 발목을 붙잡아 세운 것은 젠다였다. 캘거리도 젠다와 합세했고, 그들 모두가 메어리의 행동을 막았다.
「네가…… 네가!」
메어리 두런트는 미친 사람처럼 울부짖었다. 커스턴 린즈트롬이 그녀를 향해 말했다.
「이게 그 사람하고 무슨 상관이 있는 일이었지? 왜 그는 이리저리 기웃거리며 다니고 질문을 해댔느냔 말이야? 그는 아무런 위협도 받지 않았는데, 그에게는 이것이 죽고 사는 문제가 아니었잖아! 그에게 이 일은 단지 오락이었다고!」
그녀는 돌아서더니 천천히 문 쪽으로 걸어가기 시작했다. 그들을 돌아보지도 않고 그녀는 방을 나갔다.
「가지 못하게 해요.」
헤스터가 소리쳤다.
「오, 가지 못하게 해야 해요.」
그러자 리오 아질이 말했다.
「내버려 둬라, 헤스터.」
「하지만 자살할지도 몰라요.」
「그러진 않을 겁니다.」
캘거리가 말했다.
「오랫동안 그녀는 우리의 충실한 친구였다.」
리오가 말했다.
「충실하고 헌신적인 친구. 그런데 이런 일이 생기다니!」
「그녀가 자살하려 하지 않을까요?」
젠다가 캘거리를 향해 물었다.
「그럴 것 같지는 않습니다. 아마 가까운 역으로 가서 런던행 기차를 탈 겁니다. 물론 멀리 도망갈 수 없다는 것은 그녀도 알 겁니다. 곧 추적을 받고 잡힐 테니까요.」
「가엾은 커스턴.」
리오가 다시 말했다. 그의 목소리는 떨렸다.
「우리 모두한테 그렇게 충실하고, 그렇게 친절했는데.」
겐다가 그의 팔을 잡고 흔들며 말했다.
「어떻게 그런 말씀을 하실 수 있어요, 리오, 어떻게요? 그녀가 우리 모두한테 저지른 일을 생각해 보세요. 우리를 얼마나 고통받게 했는지요!」
「알고 있소.」
리오가 말했다.
「하지만 그녀 자신도 마찬가지로 고통받았소. 이 집에서 가장 고통스러웠던 사람은 바로 그녀였을 거요.」
「까딱하면 우리는 영원히 고통받을 뻔했어요.」
겐다가 반박하듯 말했다.
「캘거리 박사가 여기 오지 않았더라면…….」
그녀는 고맙다는 표정으로 그를 돌아보았다.
「이렇게 해서 마침내 나는 좀 늦긴 했지만 여러분께 도움이 될 수 있었군요.」
「너무 늦었어요.」
메어리가 비통한 음성으로 말했다.
「너무 늦었어요! 오! 왜 우린 몰랐을까요. 왜 짐작도 못 했을까요?」
그녀는 비난하는 시선으로 헤스터를 돌아보며 말했다.
「난 넌 줄 알았어. 난 늘 너라고 생각했었어.」
「형부는…….」
헤스터가 뭔가 말하려다 멈칫하고 캘거리를 쳐다보았다.
메어리 두런트는 다시 평온해진 음성으로 말했다.

「난 죽어 버렸으면 좋겠어.」
「얘야, 어떻게 하면 널 도울 수 있을지 모르겠구나.」
리오가 그녀를 위로했다.
「아무도 절 도울 수 없어요. 이건 필립의 잘못이에요. 여기 머무르고 싶어했고, 무모하게 이 일에 관여하기를 원했어요. 그래서 죽임을 당한 거예요.」
그녀는 주위 사람들을 둘러보며 말했다.
「아무도 이해 못 할 거예요.」
그리고 그녀는 방을 나갔다. 캘거리와 헤스터가 그녀를 쫓아갔다. 문을 나서면서 캘거리가 뒤를 돌아보자 리오가 젠다의 어깨를 쓰다듬고 있는 것이 보였다.
「아줌마는 나한테도 경고했었어요.」
그녀는 두 눈을 크게 뜨고 있었고, 두려움에 질려 있었다.
「처음에 날 보고 자기를 믿지 말라고 한 것, 다른 식구들을 두려워하는 것처럼 자기도 두려워해야 한다고 한 것은 모두 옳은 말이었어요.」
「잊어버려요, 헤스터. 지금은 그것만이 당신이 해야 할 일이에요. 잊어버려요. 이제는 식구들 모두가 자유로워졌어요. 결백한 사람이 죄악의 그늘 속에서 고통받는 일은 더 이상 없을 거요.」
「그럼 티나는요? 완쾌될까요? 죽지는 않을까요?」
「죽지는 않을 거요. 그런데 티나는 미키를 사랑하고 있지 않은가요?」
「그런 것 같아요.」
헤스터는 좀 높아진 목소리로 대답했다.
「그러리라고는 꿈에도 생각지 못했는데 말예요. 물론 그들은 늘 오빠 동생으로 지냈어요. 하지만 사실은 오빠하고 동생이 아니죠.」
「그건 그렇고 헤스터, 티나가 '돛대 위의 비둘기'라는 말을 했다는데, 그게 무슨 말인지 알아요?」

「돛대 위의 비둘기라고요?」
헤스터는 눈썹을 찡긋하며 말했다.
「잠깐만 기다려 보세요. 아주 낯익은 말 같아요. '우리가 탄 배는 순풍에 미끄러져 가고 돛대 위에는 비둘기 슬프게 꾸륵거리네.' 티나가 그랬나요?」
「아마 그럴 거요.」
「그건 노래예요.」
헤스터가 말했다.
「일종의 자장가죠. 커스티가 그 노래를 우리한테 불러 주곤 했어요. 전 조금밖에 기억 못해요. '내 사랑, 그대는 내 오른편에 서 있네.' 그리고 그 다음엔 어떻게 되더라? '오 아름다운 아가씨, 난 여기 있지 않아요. 내게는 집도 없고, 고향도 없고, 바닷가나 모래밭의 둥지도 없지만, 아가씨의 마음속만은 내 쉴 곳이라오.'」
「알겠어요.」
캘거리가 재미있다는 듯 웃으며 말했다.
「예, 알겠어요.」
「티나가 완전히 회복되면 두 사람은 아마 결혼할 거예요. 그러면 티나는 그와 함께 쿠웨이트로 갈 수 있겠죠. 티나는 따뜻한 지방에 가서 살길 늘 원했어요. 페르시아 만 쪽은 아주 따뜻하잖아요?」
「너무 따뜻하다고 해도 좋을 거요.」
「아무리 따뜻해도 티나에겐 지나치지 않을 거예요.」
헤스터가 캘거리의 쓸데없는 걱정을 안심시켰다.
「그리고 이젠 당신도 행복해질 거요, 사랑스런 아가씨.」
캘거리는 그녀의 손을 감싸 쥐고 말했다. 그는 웃어 보이려고 노력했다.
「그 젊은 의사 양반과 결혼해서 안정을 찾게 되면 이렇게 끔찍하고 소름 끼치는 일들은 다시 안 당해도 될 거요.」
「도널드하고 결혼한다고요?」

헤스터는 놀란 음성으로 정색을 하며 되물었다.
「전 도널드하고는 결혼하지 않을 거예요.」
「하지만 당신은 그를 사랑하잖소?」
「아녜요, 그를 사랑하지 않아요. 사실은 사랑한다고 생각했을 뿐이에요. 그는 날 믿지 않았어요. 제가 결백하다는 걸 그는 몰랐어요. 그 사람은 그걸 알아야 했는데.」
그녀는 캘거리를 쳐다보며 말했다.
「당신은 알아주셨어요! 전 당신하고 일생을 함께 하기를 원해요.」
「하지만, 헤스터, 난 당신과 결혼하기엔 나이가 너무 많아요. 당신은 사실…….」
「그건 당신이 날 원하기만 한다면…….」
헤스터는 갑작스레 의혹이 담긴 시선으로 그를 쳐다봤다.
「오, 난 당신을 원하오!」
아서 캘거리가 말했다.

■작품 해설■

「누명」(Ordeal by Innocence, 1958)은 애거서 크리스티(Agatha Christie, 영국, 1891~1976) 자신이 선택한 '베스트 10'에 속하는 작품이다. 이 50번째의 작품에서는 크리스티 여사가 창조한 명탐정 에르퀼 포와로도 마플 양도 나오지 않는다.

어느 11월 저녁에 아질 가의 여주인 레이첼이 살해된다. 자선가이며 자산가였던 레이첼 아질은 독재적인 성격의 소유자였기 때문에 양자·양녀들의 미움을 받고 있었다.

혐의는 양아들 잭 아질에게 씌워져, 자신의 알리바이를 증명하지 못한 잭은 살인범이라는 누명을 쓰고 감옥에서 죽게 된다.

그로부터 2년이 지난 후 지질학자 아서 캘거리가 레드민과 드리머스 두 마을 사이의 노상에서 잭을 자기 차에 태워 주었다고 하며 잭의 무죄를 증언한다. 잭을 내려 준 후 그는 트럭에 치어 기억상실증을 일으켰고, 회복되자마자 곧 남극으로 탐험 여행을 떠났다. 그리고 1년 반 뒤, 귀국하여 그러한 사실을 알았을 때 이미 모든 것은 끝나 있었던 것이다.

아서 캘거리는 책임을 느끼고 잭 아질의 누명을 벗겨 주기 위하여 아질 가를 찾아간다. 가족들의 반응은 그가 기대했던 것과는 달리 공포와 불안이었다.

누가 레이첼 아질을 죽였을까? 늘 말썽꾸러기였던 잭이 범인이 아니라면, 이 가족들 중 누가 진범일까?

레이첼 아질의 남편 리오, 리오의 여비서 겐다 보건, 그리고 입양된 아이들 메어리, 마이클(미키), 헤스터, 크리스티나(티나), 필립 두런트(메어리의 남편), 모린(잭의 전처), 가정부 커스턴 린즈트롬…….

진실이 밝혀질까 두려워 한 범인은 필립을 살해하고 티나마저 죽이려 한다.

결국 지구 물리학자 아서 캘거리가 탐정이 될 수밖에…….

추리 문학의 여왕
"애거서 크리스티"

한 번 읽기 시작하면 도저히 눈을 뗄 수 없는 추리소설!!

애거서 크리스티는 추리문학에 대한 공로로 영국 엘리자베스 여왕으로부터 <데임> 작위를 수여 받았습니다. 최고의 추리문학으로 평가되고 있는 그녀의 작품은 **전세계 인구 3분의 1**에 해당하는 사람들이 읽었으며, 지금도 변함 없이 온 세계인의 사랑을 받고 있습니다.

※추리문학에 20여년을 공들인 **해문출판사**에서는 크리스티의 전작품을 80권으로 완간, 인기리에 판매하고 있습니다.

1. 그리고 아무도 없었다
2. 오리엔트 특급살인
3. 0시를 향하여
4. 죽음과의 약속
5. 나일강의 죽음
6. ABC 살인사건
7. 스타일즈 저택의 죽음
8. 애크로이드 살인사건
9. 장례식을 마치고
10. 3막의 비극
11. 예고 살인
12. 주머니 속의 죽음
13. 커 튼
14. 백주의 악마
15. 움직이는 손가락
16. 엔드하우스의 비극
17. 푸른 열차의 죽음
18. 메소포타미아의 죽음
19. 애국 살인
20. 화요일 클럽의 살인
21. 누 명
22. 13인의 만찬
23. 회상 속의 살인
24. 위치우드 살인사건
25. 삼나무 관
26. 구름 속의 죽음
27. 부머랭 살인사건
28. 테이블 위의 카드
29. 비밀 결사
30. 끝없는 밤
31. 목사관 살인사건
32. 갈색 옷을 입은 사나이
33. 검찰측의 증언
34. 세 번째 여자
35. 명탐정 파커 파인
36. 침니스의 비밀
37. 죽음을 향한 발자국
38. 쥐 덫
39. 프랑크푸르트행 승객
40. N 또는 M
41. 골프장 살인사건
42. 세븐 다이얼스 미스터리

43. 깨어진 거울
44. 빅 포
45. 벙어리 목격자
46. 포와로 수사집
47. 서재의 시체
48. 크리스마스 살인
49. 마지막으로 죽음이 온다
50. 창백한 말
51. 할로 저택의 비극
52. 마술 살인
53. 잊을 수 없는 죽음
54. 부부 탐정
55. 수수께끼의 할리 퀸
56. 맥긴티 부인의 죽음
57. 버트램 호텔에서
58. 죽은 자의 어리석음
59. 비뚤어진 집
60. 죽은 자의 거울
61. 잠자는 살인
62. 코끼리는 기억한다
63. 패딩턴발 4시 50분
64. 헤이즐무어 살인사건
65. 파도를 타고
66. 바그다드의 비밀
67. 리스터데일 미스터리
68. 엄지손가락의 아픔
69. 핼로윈 파티
70. 히코리 디코리 살인
71. 4개의 시계
72. 복수의 여신
73. 크리스마스 푸딩의 모험
74. 패배한 개
75. 카리브해의 비밀
76. 리가타 미스터리
77. 죽음의 사냥개
78. 비둘기 속의 고양이
79. 헤라클레스의 모험
80. 운명의 문

정통 추리문학의 진수
세계추리걸작선

세계추리걸작선은 미국, 영국, 프랑스, 일본 등
추리문학의 본고장에서 최우수상을 받았거나 추리
매니아들이 추천한 가장 뛰어난 작품들로
구성되어 있다.

1. **환상의 여인** / 윌리엄 아이리시
2. **Y의 비극** / 엘러리 퀸
3. **사이코** / 로버트 블록
4. **지푸라기 여자** / 카트린 아를레이
5. **이집트 십자가의 비밀** / 엘러리 퀸
6. **추운나라에서 온 스파이** / 존 르 카레
7. **로즈메리의 아기** / 아이라 레빈
8. **노란방의 비밀** / 가스통 루르
9. **황제의 코담배케이스** / 존 딕슨 카
10. **잃어버린 지평선** / 제임스 힐튼
11. **그리스 관의 비밀** / 엘러리 퀸
12. **안녕, 내 사랑아** / 레이몬드 챈들러
13. **Z의 비극** / 엘러리 퀸
14. **경찰혐오자** / 에드 맥베인
15. **한푼도 더도말고 덜도말고** / 제프리 아처
16. **벌거벗은 얼굴** / 시드니 셸던
17. **피닉스** / 에이모스 어리처&일라이 랜도
18. **벤슨 살인사건** / S.S.밴 다인
19. **르윈터의 망명** / 로버트 리텔
20. **죽음의 키스** / 아이라 레빈

21. 교환살인 / 프레드릭 브라운
22. 움직이는 표적 / 로스 맥도널드
23. 죽은 자와의 결혼 / 윌리엄 아이리시
24. 탐정을 찾아라 / 패트리셔 매거
25. 독약 한 방울 / 샬롯 암스트롱
26. 죽음과 즐거운 여자 / 엘리스 피터스
27. 어느 샐러리맨의 유혹 / 헨리 슬레서
28. 죽음의 문서 / 마이클 바조하
29. 인간의 증명(上)/ 모리무라 세이이치
30. 인간의 증명(下)/ 모리무라 세이이치
31. 호그 연속살인 / 윌리엄 데안드리아
32. 교황의 인질금 / 존 클리어리
33. 내 눈에 비친 악마 / 루스 렌델
34. 두 아내를 가진 남자 / 패트릭 퀜틴
35. 심야 플러스 원 / 개빈 라이얼
36. 파리의 밤은 깊어 / 노엘 칼레프
37. 누군가가 보고 있다 / 메어리 클라크
38. 독사 / 렉스 스타우트
39. 스위트홈 살인사건 / 크레이그 라이스
40. 사라진 시간 / 빌 밸린저

※세계추리걸작선은 계속 출간됩니다.

최신 생활 영어를 간단하고 쉬운 문장으로 엮은 책!

나 혼자 떠나는
여행 영어회화

4×6판 / 216쪽 / 해문외국어연구회 편

즐거운 해외여행이 말이 통하지 않아 엉망이 되게 할 수는 없다!

해외여행이 잦은 요즘 말 한 마디도 제대로 구사할 줄 모르면서 비행기에 오르려니 왠지 불안하고 두려움이 앞섭니다.
그러나 꼭 필요한 회화를 마스터해 놓으면 세계 어딜 가도 마음 든든합니다.

이 책은 아주 기초적인 회화에서부터 모든 상황에 손쉽게 대처할 수 있는 생활회화와 여행 정보까지, 세심하고 다양하게 배려하여 만들었습니다.

해외여행의 훌륭한 길잡이, 이제 선택하십시오!

TRAVEL
ENGLISH
CONVERSATION

● 90분용 테이프 포함